JN086896

労働法で企業に革新を

神戸大学教授

大内伸哉

商事法務

はしがき

　折からの日本酒ブームに乗り企業業績も順調な豊夢商事だったが、「働き方改革」に対応するための法改正には苦慮していた。中上社長は、自ら先頭に立って、改革を進めていく意欲は満々だが、美智香がいなくなった豊夢商事の人事部は、社長をサポートするにあたり不安を抱えていた。また中上の改革は、人事面だけでなく、デジタル技術を経営に導入するところにまで及ぼうとしていた。デジタル変革（DX：デジタルトランスフォーメーション）は、豊夢商事くらいの規模の会社でも、無視できない流れになっていたのだが、既存の社員では手に負えなかった。

　本書は、豊夢商事がこうした改革・変革の波にどう立ち向かったか、そして、その結果がどうなったかを、時計の針をいったん2018年に戻してから、たどっていくものである。『労働法で人事に新風を』（以下、本書をとおして「前書」と呼ぶ）のなかでも大活躍した美智香は、今回は社員とは違った立場から、新たに得た若きパートナー東畑とともに、再び大活躍する。豊夢商事は、いったいどうなったか。最後は、時間を先に進めて、豊夢商事の未来も覗いてみている。

　㈱商事法務の中上、もとい中條信義氏（現在は、公益社団法人商事法務研究会の理事）から、前書の続編をつくろうという提案をいただいたときには、心底驚いた。美智香、もとい川戸路子さんは、前書の編集作業を終えるとすぐに退職して、すでに新たな人生を歩んでおられるし、作中の美智香も、豊夢商事をすでに退職していて、東京オリンピック2020の開催直前のところで話は終わっていた。私のなかでは、すでに完結した作品であった。そもそも続編というのは、前作より劣るというのが世間相場である。続編をつくるくらいなら、むしろ「前作」の情報が法改正などがあって古くなっていたので、そのアップデートをしたいというのが私の希望だった。ところが、それなら両方をやってみようというの

が、中條氏の提案だった。すでに前書を読んだことがある人には、前書を思い出しながら本書を読んでもらい、また前書を読んだことがない人には、本書を読んで前書に興味をもってもらって、アップデートした前書を読んでいただく、というものである。ずいぶんと虫のよいシナリオだが、前向き志向の話には乗りたくなるのが、私の悪い癖である。それに出版社の思惑はどうあれ、私としては、読者にとって楽しく、役立つ労働法（さらには「アフター労働法（？）」）の世界が伝えられることが何より大切であり、そのためには続編を出すのも悪い話ではない。

　本書では、東畑、もとい西田有希菜さんに、たいへんお世話になった。西田さんは、本書の編集担当について「社内公募（？）」のなかから手をあげてくれた果敢（無謀？）な方である。日頃は雑誌の編集担当をされているので、法的なチェックは慣れたものだろうが、本書ではストーリーのチェックといった余計な仕事もあり、苦労をかけた。とくに私の弱点であるPC（パソコンではなく、ポリティカル・コレクトネス）面では、登場人物の台詞のなかの「地雷」の発見・撤去作業で、大いに助けられた。細かいやりとりはSlack、ゲラのやりとりはPDFファイルなどの現代風の作業の進め方にスムーズに対応してくださったことも有り難かった。それに加えて、西田さんを支える、深池、もとい浅沼亨部長を中心とする商事法務のチームプレーが素晴らしかった。本書は、このチームプレーの産物である。この企画にかかわってくださった皆さんに、心より感謝を申し上げる。

　なお、日本酒の取次・販売をメインとする会社という設定なのに、イタリアワインのことばかり詳しく紹介しているのはおかしい、といった物語のディテール面での苦情は受け付けませんので、あしからず。

2021年4月

大内伸哉

本書の舞台と主な登場人物

【 舞　台 】

◇豊夢商事株式会社

正社員150名、臨時社員55名が働く中堅商社。酒類（主として日本酒）の取次、販売を行う。東京足立区の本社（社員は30名）以外に、東京近郊（八王子、千葉、横浜、大宮）に支店があるほか、神戸と新潟に支店がある。神戸と新潟では、支店長以外は現地採用である。

【 登場人物 】

◇戸川美智香

1988年生まれ
2011年　国立大学の法学部を卒業。大手銀行に就職。
2012年　退職し、社会保険労務士の資格取得を目指して勉強。
2013年　社会保険労務士の資格を取得、豊夢商事に入社。人事部に配属。
2015年　豊夢商事を退職。個人事務所を設立。

◇中上義行

1974年生まれ
1997年　私立大学を卒業。大手証券会社に就職。
2002年　豊夢商事に入社し、取締役に就任。
2004年　同社取締役副社長に就任。
2005年　同社代表取締役社長に就任。

◇東畑幸男

1995年生まれ

2018年　国立大学の経済学部を卒業。豊夢商事に新卒入社。

◇深池　龍

1970年生まれ

1992年　私立大学を卒業。大手証券会社に就職。

1997年　勤務先が自主廃業となり地方銀行に転職。

2009年　家庭の事情で、大手情報通信関係会社に再転職。

2019年　豊夢商事にDX室長として入社。

凡　例

1　法令・通達等の略称

正式名称のほか、以下の略称を使用しています。

育介法	育児休業、介護休業等育児又は家族介護を行う労働者の福祉に関する法律
高年齢者雇用安定法	高年齢者等の雇用の安定等に関する法律
短時間・有期雇用労働法	短時間労働者及び有期雇用労働者の雇用管理の改善等に関する法律
男女雇用機会均等法	雇用の分野における男女の均等な機会及び待遇の確保等に関する法律
労基法	労働基準法
労基則	労働基準法施行規則
労契法	労働契約法
労災保険法	労働者災害補償保険法
労組法	労働組合法
労働契約承継法	労働契約の承継等に関する法律
労働者派遣法	労働者派遣事業の適正な運営の確保及び派遣労働者の保護等に関する法律
労働施策総合推進法	労働施策の総合的な推進並びに労働者の雇用の安定及び職業生活の充実等に関する法律
パート労働法	短時間労働者の雇用管理の改善等に関する法律
基発	厚生労働省（平成13年1月5日以前は労働省）労働基準局長名で発する通知
発基	厚生労働省（平成13年1月5日以前は労働省）労働基準局関係の、事務次官による通達

2 判例集・刊行物の略称

事件名、年月日、出典について、以下のとおり表示しています。

民集	最高裁判所民事判例集
労判	労働判例
最重判○○事件	大内伸哉『最新重要判例200労働法〔第6版〕』(弘文堂、2020)○○番の事件

目　次

第1話

社員って何？
―2018年12月―

働き方改革

　美智香は、事務所（「SS人事コンサルティング」）の椅子に座りながら、「あの会社の『働き方改革』は大丈夫かしら」と、ぽつりとつぶやいていました。クリスマスシーズンが来ると、美智香は、あの会社のことを思い出します。美智香が、豊夢商事を退職したのは、ちょうど3年前の2015年12月20日でした。社長に辞意を伝えて、本社のビルを出たときに流れていたのは、クリスマスソングの定番であるマライア・キャリーの「恋人たちのクリスマス」でした。

　あれ以降、政府は「働き方改革」をスローガンにかかげて、次々と策を打ち出しました。美智香は、それを振り返っていました。

　まず2016年8月、第3次安倍第2次改造内閣の発足とともに、「働き方改革担当大臣」が設置されました。その初代大臣は、まだそれほど名前が知られていなかった加藤勝信でした。美智香は、厚生労働大臣との役割分担はどうなるのだろうか、などという疑問をもったことをいまもよく覚えています。

　その年の9月には、安倍晋三首相（当時）が主催する「働き方改革実現会議」が関係省庁の大臣、労使の代表者、有識者などをメンバーにして設置され、その半年後に、「働き方改革実行計画」が決定されました。そして、「働き方改革を推進するための関係法律の整備に関する法律案」が、2018年4月に第196回国会に提出され、同年の6月29日に参議院で可決されて、成立しました。この法律は同年7月6日に公布され、翌年の2019年4月1日以降、順次施行されることになりました。

　新法は、労基法、労働安全衛生法、労働時間等の設定の改善に関する特別措置法、じん肺法、雇用対策法、労契法、パート労働法、労働者派遣法という8つの法律にまたがるものでした。雇用対策法は、労働施策

2

総合推進法に、またパート労働法は、短時間・有期雇用労働法に、法律の名称が変わることになりました（正式名称は、「法令・通達等の略称」を参照）。美智香は、「あの会社が、これだけの大改正に対応できるだろうか」と心配になりました。

「でも、もうあの会社とは関係ないから、別に気にすることはないわ」と思っていたちょうどそのときでした。ショパンの「華麗なる大円舞曲」の、少し騒がしい最初のメロディーが流れてきました。美智香の携帯電話の着メロです。ディスプレイには、「中上社長」と出ていました。「どうして」と一瞬驚きましたが、すぐに豊夢商事にいたころに、労働組合との団体交渉がこじれたとき（⇒前書第7話209頁以下）、緊急の連絡のために、中上社長に携帯電話番号を教えていたことを思い出しました。中上は社長室の電話からかけてきたのでしょう。

　美智香は、別に豊夢商事に恨みがあって辞めたわけではありませんでした。会社を辞めて自分の力でやってみたいという気持ちが前からあったのです。それにできれば30歳までに結婚して子どもをほしいと思っていました。結婚して出産しても仕事を継続するには、独立しておいたほうがよいと考えたことも退職理由の1つでした。2020年の東京オリンピックが開催されるまでに、自分の事務所を開設し、そして縁があれば良き生涯のパートナーを見つけて、という計画を立てて、退職したのでした（⇒そのときの美智香の夢想は、前書のプロローグ11頁以下を参照）。そりがあわなかった田辺専務のことは、辞職の1つのきっかけにすぎませんでした。事務所の開設という目標はすぐに達成できましたが、生涯のパートナーを見つけるという目標はまだ達成できていませんでした。

美智香、ふたたび

　携帯の向こうから聞こえてきた中上の声は、以前と変わらずエネル
ギッシュでした。
「戸川君、元気にしていますか」
　中上は女性の携帯に電話をかけてきたことについて、何とも思って
いないようでした。
「はい、おかげさまで元気です」
「ところで、いまはどこかで働いているのですか」
「家の近くに事務所を借りて開業しています」
「そんなことを聞いてよいかわからないけれど、結婚はまだ」
「ノーコメントです……。ところで今日はどういうご用件でしょうか」
「ゴメンゴメン、余計なことを聞いてしまったね。単刀直入に言うけど、
今日は、あなたに会社に戻ってきてもらえないかと思って、電話をした
のです。あなたが嫌がっていた田辺専務も定年で退職しましたしね」
　美智香は、ちょうど豊夢商事のことを考えていたときに、中上から電
話がかかってきたので、内心驚いていました。虫の知らせでしょうか。
中上の、いまは社員ではない美智香への口調は若干前より丁寧でした。
「別に田辺専務を嫌がっていたわけではありませんよ。むこうが私を嫌
がっていたのではないでしょうか。それはともかく、なぜ私に戻ってき
てほしいのですか」
「世間では『働き方改革』って騒がしいじゃないですか。でもわが社の
人事部は、残念ながらちょっと頼りなくて心配なんですよ」
「改革は多くの分野にまたがっていますから、正確に法改正の内容を理
解するのは、たしかに難しそうですね」
「そうでしょ。だから、もし可能であれば、わが社のことをよく知って

いて専門的知識もある戸川君に助けてもらえないかと思ったんですよ」
「なるほど。でも私は先ほど言いましたように、自分の事務所をもって仕事をしているので、前のように社員でというわけにはいきませんよ」
「それじゃ、どのようにお願いすればよいのかな」
「顧問契約を結ぶことになります」
「そうか、戸川君はプロフェッショナルだから社員にはならないんだね」
「プロフェッショナルかどうかは関係なく、私は社長の指揮命令を受けて働くわけではないのです。対等な立場で契約を結ぶということです」
「前から対等だったと思うけどね」
「まさか、ご冗談を。いずれにせよ、契約の性質が前とは変わります。社員のときは、雇用契約を結んだうえで、その内容は就業規則で決められていました。今度は、仕事の内容や条件はすべてきちんと契約で決めます。賃金も、顧問料という形に変わります」
「わかった。そのことも含めて詳しい話をしたいので、一度、会社に来てもらえませんか」
「そういうことでしたら、近いうちに、おうかがいすることにします」
　ということで、美智香は、社員としては一度退職していた豊夢商事に、今度は顧問契約を締結して働くことになりました。契約の形態としては、雇用契約から、業務委託契約（準委任契約の一種）になりました。

社員から顧問に

　３年ぶりの豊夢商事の本社は、何も変わっていませんでした。中上社長は、少し白髪が増え、ややふっくらした感じもしますが、脂の乗りきった２代目経営者の貫禄を十分にかもしだしていました。
「いやあ、戸川君。よく来てくれたね」

美智香は、前の電話のときのような丁寧さはなくなっていると感じて、心のなかで苦笑しながら、「お久しぶりです。社長にまたお目にかかれて嬉しいです」と適当に返事をしました。

「私もだよ。先日、郵送した契約書はあれでよかったかな」

「はい。サインして、押印したものをおもちしたので、ご確認ください」

「後でみておくよ。戸川君には、人事担当の顧問として、わが社の働き方改革のリーダーになってもらいたいと思っているから、ぜひよろしくね。うちの人事部は、部長を兼ねていた田辺専務が70歳の定年で退職した後、経理部の課長をしていた磯谷君に部長をやってもらっている。こちらが磯谷部長だ。2人は初対面ではないよね」

「そうですが、きちんとご挨拶するのは、今日が初めてです。戸川です。よろしくお願いします」

「磯谷です。こちらこそ、よろしくお願いします」

「前の田辺専務が強面だったので、人事にいる者はソフトなほうがよいと思って、社内の人望の厚い磯谷君を配属させることにしたんだ」

　美智香は、ソフトな人かどうかはポイントでない、と思わず言葉が出かかりましたが、ぐっとこらえました。

　その言葉どおり、磯谷はソフトな雰囲気で、しかも謙虚でした。

「社長が言われるように、僕は、あまり法律には詳しくないので、働き方改革対応にも不安がいっぱいだったのです。戸川さんが助けてくださると聞いて、大船に乗った気持ちです」

「それから、もう1人。新入社員の東畑君だ」といって、中上は磯谷の横にいる若い社員を紹介しました。

「東畑幸男と申します。今回は、伝説の社労士の戸川さんと一緒にお仕事ができると聞いて、心から楽しみにしています」

「伝説の社労士なんて、誰が言っているのでしょう。私はたんに社員として自分の仕事をやっただけですよ」

「でも頑固な専務をやっつけて、社内の改革を進めた人だって、いろんな人が言っていますよ」

「それは買いかぶりすぎです。いずれにしても、私はいまは社外の人間ですので、改革をするにしても、社員のみなさんにしっかり頑張ってもらわなければ困りますよ。部長も大船に乗ったなどと言わず、ぜひ一緒に船を漕いでくださいね」

中上も、「磯谷君も、戸川君は社外の助っ人なんだから、まずは社員である君たちがしっかりやってくれなければ困るよ」と言い、磯谷は、「はい、もちろんわかっています」と素直に応じました。

美智香は、これからの改革には、リーダーシップが必要となるので、この部長で大丈夫だろうかと、少し不安を感じました。それに東畑という新人も、目が輝いているのはよいのですが、「伝説の社労士」なんて余計なことを言い出すところが心配でした。そして、その不安が早くも的中してしまいます。

東畑の名案？

社長への挨拶がすんで、美智香、磯谷部長、東畑の3人は人事部のコーナーに移動しました。何人かのパート社員に紹介された後、3人で打ち合わせをすることになりました。3人が席に座ったところで、東畑がさっそく切り出しました。

「部長、僕のほうから1つ提案をしてもよろしいでしょうか」

「なんだね、東畑君」

「今回の戸川さんのように、必ずしも雇用契約を締結しなくても、わが社のために働いてもらえるという方法があるのであれば、他の社員についても、そうした契約、業務委託契約というのでしょうか、そういうも

のに変えていってはどうでしょうか」

「なるほど、それは名案だね。どうして、いままで気づかなかったのだろうか。戸川さんはどう思いますか」

　美智香は、いかにも素人考えだなと思いましたが、できるだけ2人の面子をつぶなさいように、丁寧に説明することにしました。

「それは1つのやり方だとは思います。でも自分のことを振り返ると、もし私が、社員として働いていたときに、中上社長から業務委託契約に切り替えてもらえないかと言われたら断っていたでしょう。それに、他の社員を業務委託契約に切り替えたいと相談を受けたら、止めるように進言していたでしょう」

「でも、戸川さんは、いまは業務委託契約ですよね」と、東畑は怪訝そうな表情で美智香に問いかけました。

「私は、現在は、小さいながらも独立してやっています。私のように、会社の支配下に入らず、自由に自律的に働けることに魅力を感じている社員であれば、業務委託契約に切り替えてもよいと思います」

「そういう社員は多いと思いますが……」と、東畑はつぶやくように言いました。

「そうかもしれません。でも、よく意味がわかっているかは疑問ですよ。業務委託契約を締結することによって生じるかもしれない不利益などについて、社員本人が十分に理解し、納得したうえで切り替えるのであれば問題はないでしょうが」

「でも不利益となるなんて言うと、社員は不安にならないでしょうか。それを言ってしまうと社員はみんな業務委託契約なんて結びたがらないですよね」と、磯谷が口をはさみます。

　美智香は、「たとえ社員が不安を感じることがあっても、不利益となることははっきり言っておかなければ、社員のためになりませんし、会社としても後から大変なことになるかもしれませんよ」と言いながら、

これはちょっと大変だなと思いはじめていました。どうも磯谷には、労働法的なセンスがかなり欠けているように思えたからです。

　美智香は、説明を続けました。社員が納得して同意をしたからといって、会社は安心できないこと、当初は業務委託契約に切り替えることに納得していたけれど、後からやっぱり納得できないと考える人も出てくる可能性もあること、そこで紛争になれば、会社が負ける可能性は小さくないこと等々です。そして、「これは、労働者性の問題といって、労働法上の難問の1つなのです」と、やや口調を強めて美智香は2人に向かって話しました。

「労働者性ですか」と、磯谷と東畑は声をそろえて言いました^(※1)。

幸男の学習メモ

　　東畑は、美智香から聞いた話でわからないことがあれば、後で自分で調べてメモに残していた。

　　民法上、労務に関する契約として通常挙げられるのが、雇用、請負、委任の3つだ。雇用は、相手方に対して労働に従事し、相手方がこれに対して報酬を与える契約だ（民法623条）。通常の会社員の契約は、これにあたる。労働法上は労働契約と呼ばれる。請負は、ある仕事の完成をし、相手方がその仕事の結果に対して報酬を支払う契約だ（同法632条）。家のリフォームを請け負った大工の契約などがこれにあたる。委任は、法律行為をすることを相手方に委託する契約だ（同法643条）。報酬は特約がなければ請求できないとされており（同法648条1項）、雇用や請負と異なり、無報酬の契約もありうる（現実には報酬特約が結ばれるのがほとんどのようだ）。委託内容が法律行為以外の事務の場合には準委任と呼ばれ、これも委任と同じ規定が適用される（同法656条）。弁護士がクライアントと締結する契約が委任の典型だ。

誰が労働者か

　美智香が言うように、労働者性の問題は、労働法上の難問です。難問である理由は、いくつかあります。まず同じ労働法のなかでも、労働者の定義は統一されておらず、労基法、労契法、労組法それぞれで異なる定義がされています（労基法9条、労契法2条1項、労組法3条）。労基法と労契法では、類似の定義が採用されていますが、労組法では、文言上も大きくちがっています。実際、労基法上の労働者に該当しないが、労組法上の労働者には該当するケースがあると考えられています。たとえば、純然たる業務委託契約で労務を提供する美智香のような個人事業主は、労基法上も労契法上も労働者に該当しないでしょうが、仕事の実際のやり方等によっては、労組法上の労働者に該当することはありえます。

　難問である理由の2つ目は、以上のこととも関係しますが、労働者の定義が抽象的であり、誰が労働者に該当するか、条文をみただけではよくわからない点です。

　労基法上の労働者は「職業の種類を問わず、事業又は事務所に使用される者で、賃金を支払われる者」と定義されていますが、その判断基準を具体的に示した最高裁の判例は存在していません。現在よく参照されるのが、1985年の労働基準法研究会報告「労働基準法の『労働者』の判断基準について」（労働省）が示したものです。

　そこでは、労働者性の判断は、契約形式のいかんにかかわらず、就労の実態をみて判断すべきものとされ、使用従属性の存否、すなわち指揮監督下で労働し、労務対償性のある報酬を受け取るかどうかという基準で行うものとされます。具体的には、①仕事の依頼や業務従事の指示に対して諾否の自由がないか、②業務遂行上の指揮監督を受けているか、③勤務時間や勤務場所について拘束性があるか、④本人に代わって他人

が勤務に従事することが認められていないか、⑤報酬が一定の時間労務を提供していることに対する対価と判断されるかが主要な判断要素となります。以上の要素だけでは判断できない場合には、事業者性がないか、専属性があるかといった点も補足的に判断要素に追加されます。

　このように、どのような要素が労働者性の判断において考慮されるかは明らかにされているのですが、それを実際にどのように評価して、最終的な労働者性の判断に至るかについては明確でなく、裁判をしてみなければわからないところがあります。

　労組法上の労働者性についても、状況は似ており、判断基準を示した最高裁の判例は存在していません。ただ、2011年から2012年にかけて立て続けに3つの判決が出て、それにより、どのような要素に着目して最高裁が労働者性の判断をしたかは明らかにされています（※2）。

　すなわち、①事業遂行に必要な労働力として、基本的にその恒常的な確保のために企業の組織に組み入れられているか、②契約内容が一方的に決定されているか、③報酬が労務提供の対価としての性質を有するか、④当事者の認識や契約の実際の運用において、業務の依頼に対する諾否の自由があったか、⑤企業の指揮監督の下に労務の提供を行い、場所的、時間的な拘束を受けていたかを判断したうえで、なお⑥独立の事業者としての実態を備えていると認めるべき特段の事情がないかが、労働者性の判断をする際に考慮される要素です。ただ、これも総合的な判断となるので、最終的には、裁判をしなければわからないところがあります。

訴訟リスク

　実際の紛争の1つの典型パターンは、業務委託契約（契約の名称は、業務請負契約など様々なパターンがあります）で働いている人が仕事で

ケガをした場合に、労働基準監督署に対して、自分はほんとうは雇用契約で働いている「労働者」だから、労災保険の適用があると主張するというものです(※3)。

　業務委託契約で働いていると、自営業者になるので、仕事でケガをしても、労災保険の適用はなく、会社員の健康保険に相当する国民健康保険が適用されます。治療の費用は労災保険ならゼロですが、国民健康保険の場合は3割の自己負担です。こうした差があるので、自分の働き方に少しでも「雇用」的な要素があれば、自分は「労働者」であるとして労災保険の適用を申請する人が出てくるのです。労働基準監督署長が不支給決定をしても、不服審査の申立てをし、最終的には、行政訴訟になることもあります。

　行政訴訟は労働者と行政庁との間の裁判なので、企業は直接的な当事者になりませんが、労働者が企業に対して、安全配慮義務違反を理由に損害賠償を求めて民事訴訟を提起することはありえます（⇒前書第4話107頁以下）。労災以外のケースでもたとえば法定労働時間を超える労働をしていたのに、割増賃金が支払われていない（労基法32条、37条）とか、契約を打ち切られたり、更新が拒絶されたときに、自分の契約は雇用契約だから、これは解雇や雇止めの法理（労契法16条、19条）が適用されるはずだといった主張をして、裁判となることもあります。

　こうした裁判で会社側が負けると「名ばかり自営業者」を使って不当に労働力を安く使っているブラック企業だとして世間から非難されるおそれがあります。多少なりとも労働法の知識がある人なら、雇用契約から業務委託契約に変更したと聞くと、それは「名ばかり自営業者」という違法な働かせ方ではないかという疑念をまず抱いてしまうでしょう。

困難を乗り越えるのが人事

　もちろん、美智香が述べていたように、業務委託契約を締結すること
によって生じるかもしれない不利益などをきちんと説明して、納得を得
ていれば、後で紛争になる可能性は低くなるはずです。とくに美智香の
ように、すでに個人事業主として活動している人との契約であれば、労
働者性をめぐる紛争が起こる可能性は低いと言えるでしょう。

　問題は、現在の社員と結んでいる雇用契約を業務委託契約に切り替え
る場合です。たとえば、これまでやっていた業務とほとんど変わらない
ような業務をさせているにもかかわらず、契約だけ業務委託に切り替え
たとなると、これは実態としては労働者のままであると判断される可能
性が高くなるでしょう。

　上司には、業務委託契約に切り替えた元社員には、社員時代のような
強制性や拘束性が生じないように、慎重に日常業務を管理するよう徹底
させなければなりません。そのためにも、上司の教育は重要となります
が、それはそう簡単なことではありません。

　とはいえ、こうした点さえ気をつければ、業務委託契約への切り替え
は可能です。「フリーランスと社員のいいとこ取り」というスローガン
をかかげている企業もありますが、実際にそのとおりになれば、1つの
理想的な成功例となるでしょう。

　ただ、美智香のようにすでに個人事業主である者が業務委託契約を締
結したからといって、社員の契約も同じように業務委託契約に切り替え
をしたらよいというのは、短絡的な発想です。新入社員の東畑だけなら
ともかく、部長の磯谷まで同じような考え方をもっていることが、美智
香を不安にさせました。

　とくに磯谷には、社員に不利益をきちんと伝えようとしない姿勢がみ

られた点に、問題がありました。社員を不安にさせないようにという配慮は、社員に優しいようで、実は社員のためにならないのです。このような姿勢で社員に臨んでいると、かえって人事に対する信頼が失われてしまいます。そうなると、今後、社員に対して、厳しい提案をしても、なかなか納得してもらえなくなるでしょう。これこそが人事が最も避けなければならない事態なのです。

　ほんとうは難しい制度の導入時にこそチャンスがあるのです。うまくいったときの、成功の果実が大きいからです。そのためにも、いま述べたような信頼と納得という要素が、何よりも重要なのです。不利益なことでもきちんと伝えて、それでもなお納得してもらえるような説明力が人事には必要です。それに、そこまでして業務委託に切り替える必要性もなさそうです。

　美智香は、磯谷の顔をつぶさないように気をつけながら、やんわりと以上のことをかんで含めるように、2人に説明しました。2人とも神妙に聞いていましたが、ほんとうに理解してくれているかどうかは、これからの言動をみて判断するしかないでしょう。

DX室を立ち上げる！

　美智香が来たときには、豊夢商事ではすでに、新たにDX室を立ち上げることが決まっていました。中上社長が、これからはDX、すなわちデジタルトランスフォーメーション（デジタル変革）の時代だと、どこかの講演会で聞いてきたことがきっかけです。意思決定が速いのは、ワンマン社長のいる中小企業のメリットです。ただ、実際に実行する側の社員は、いつも知らされるのは後からなので、振り回されてしまいます。とくに今回の社長の提案は、誰を新しい部署に配属させるかについては、

全然考えられていませんでした。現在の社内にもIT人材はわずかながらいます。広報部には西尾リカのようなITに強い有能な社員もいます（⇒前書第8話230頁以下）。しかし、現時点では、まったく数が足りていません。

　この話を聞いた美智香は、社外から人材を見つけてこなければならないだろうなと思いました。ただ現在は、IT人材は、いろんな会社からの引く手あまたです。豊夢商事のような中小企業に来てくれる人材は、そう多くはいないでしょう。そこで美智香は、中上社長と磯谷部長に1つの提案をしました。月に決まった時間数の勤務というパートタイムで外部人材を募集すればどうかという案です。しかも、仕事の性質上、通常の社員のように出社を命じず、在宅勤務でよいとし、契約も、美智香と同じように、業務委託契約とするのです。

　ただ、中上社長は、DX室は今後の要となる部署なので、できればフルタイムの正社員として雇いたいと考えていました。

副業人材を雇う

「やっぱり戸川君のようなプロフェッショナルの場合を除くと、きちんと社員として雇いたいね」

　中上の言葉に、美智香は「でもそうすると、労働時間の通算のような規定がかかってきます」と述べて説明をはじめました。

　副業は、働き方改革の主要なテーマの1つでしたが、これを導入するうえでネックとなると考えられたのが、「労働時間は、事業場を異にする場合においても、労働時間に関する規定の適用については通算する」という法律の規定でした（労基法38条1項）。規定の文言上は、同一企業の複数の事業場で働いていた場合の通算を定めた規定のようにもみえ

ますが、行政解釈は、複数の事業主の下で働いている場合も通算される
としています。この結果、他社で働いている人材を雇うと、労働時間が
その他社での労働時間数と通算され、それにより、もし1日や1週間の
法定労働時間（1週40時間、1日8時間）を超えれば、三六協定の締
結・届出義務や割増賃金の支払義務といった規制がかかってくるのです
（同法36条、37条）。この場合、複数の企業のうち、どちらが労働時間規
制の責任を負うのかは明確ではありませんが、A企業で1日7時間勤
務した後、B企業で1日2時間勤務して、通算8時間を超えたような
場合、行政解釈は、時間的に後に労働契約を締結したほうが責任を負う
としています[※4]。

「ただ、この解釈には、異論もあります」と述べて、美智香は説明を終
えました。

　中上はうーんと唸りながらも、「こういう規定をほんとうにみんな
守っているんだろうか」と言いました。

「それはなんとも言えません。たしかに、これまではあまりこの規定の
遵守について、行政はうるさく取り締まってきませんでした。ただ現在
は、副業が注目されていて、同時に働きすぎが起きないだろうかと懸念
する声も高まっているので、行政も法律の遵守に目を光らせるようにな
ることが予想されます」

　中上はふたたびうーんと唸りながら、しばらく黙り込んでいました。
そして、おもむろに口を開きました。

「それだったら業務委託にしよう。業務委託なら、こんな面倒な手続を
踏まなくてもよいんだよね」と言いました。美智香は、この会社の人は、
業務委託契約が好きだなと思っていました。

「そうですが、業務委託にするといっても、前に人事部には説明したの
ですが、ほんとうに社員としては扱わないということを徹底して、慎重
な人事管理をすることが必要です。ただテレワークだと、割とそのよう

なことはしやすいかもしれませんね」

就業規則を変える

　これでいこうという雰囲気になったところで、磯谷部長が、口を開きました。
「その場合には、彼らは他に仕事をもっていてよいのですね」
「できたらわが社の仕事を専属でやってほしいけどね」と中上。
「でも社長。それだとなかなか人が集まらないと思いますよ。報酬も高くしなければいけませんし」と美智香はすかさず答えます。
　そのとき、ここまでしゃべりたくてうずうずしていたようであった東畑が口を開きました。
「私も戸川さんの意見に賛成です。専属は難しいのではないでしょうか。あくまでわが社の仕事は副業ということでいいんじゃないですか。そもそもこれからの社会では何が本業が何が副業かわからないでしょうし」
　磯谷は社長の前で平気に発言する東畑に驚きながらも、たしなめるように、「そんなことはないだろう。自分の本拠地が決まっていなければ、社会人としては失格じゃないのかな」と言いました。
　しかし、東畑は負けていませんでした。「でも戸川さんのような人はどうですか」
「あら、私を例に出していただけるのですか。私のようなフリーは自分自身が本拠地なのです。そのうえで、いろいろな事業主さんと顧問契約を結んだり、単発で仕事を受けたりしているのです。これからの時代は、会社員であっても、複数の相手と雇用契約を結んだり、業務委託契約を結んだり、その両者を組み合わせたりするような働き方が広がっていくと思います。パラレルキャリアというような言葉もありますよね。東畑

さんのような若い人の頭のなかには、もはやどこかの会社に専属的に所属するという意識はないのかもしれませんね」

　かつての人事部長の田辺専務であれば、このようなちょっと挑発的な言い方には、すぐにかみついてきたでしょうが、現在の磯谷部長はそういうタイプではありませんでした。美智香の言葉にうなずきながら、「もしそういうことになるのなら、うちの会社の就業規則を変えなければならないでしょうね」という建設的な意見を出してきました（⇒前書第5話138頁以下）。

　美智香は、「はい。副業でこの会社で働くことを認めるのならば、現在の社員にも副業を認めなければ不公平だという不満が出てくるでしょうね……」と言っていたところで、中上社長が大きな声を出して割り込んできました。「僕は、それを恐れているんだよ。いまの社員に、副業を認めるのは、ちょっと困るな」

「でも不公平な扱いは、社長の主義に反するのではないでしょうか」

「戸川君の言うとおりだが、でも副業はちょっと困るな」

「こういうやり方にすればどうでしょうか。許可制はやめて、届出制にしたうえで、一定の場合だけ副業は禁止するという方法です」

　美智香はこう述べて、2018年1月に変更された厚生労働省の「モデル就業規則」（※6）の副業に関する新しい規定を示しました。それによると、副業は、届出制となっており、ただし、①労務提供上の支障がある場合、②企業秘密が漏えいする場合、③会社の名誉や信用を損なう行為や、信頼関係を破壊する行為がある場合、④競業により、企業の利益を害する場合にのみ禁止ないし制限ができるという取扱いになっています。美智香は、このモデル就業規則にあわせた規定にしようと考えていました。

　中上社長は、美智香の説明を聞いて、「少し抵抗感はあるけど、これも時代の流れということなのかな」と言って、うなずきました。磯谷は、

さっそく美智香に対して、就業規則の副業規定の見直しをするよう依頼しました。「東畑君をしっかり鍛えてやってください」という言葉をつけ加えることも忘れていませんでした。

「アムール」にて

この日の仕事は終了し、近くの定食屋で、磯谷部長、東畑と３人で食事をした後、そそくさと帰宅した磯谷を見送って、美智香は、行きつけのワインバー「アムール」に東畑を誘いました。サンジョベーゼ好きの美智香は、定番のキアンティ・クラシコを注文し、ワイン初心者である東畑も、美智香と同じものを注文しました。

「それじゃ乾杯、お疲れさま」

「今日は、とても勉強になりました。とくに業務委託契約のところは、形だけ労働者でないということにしてもダメなのですね」

「法律はそう甘くないのよ。もちろん昔だったら、法律がどうであろうが、企業は好きなようにできたんだろうけど、いまはSNSもあるし、変なことをしているとすぐにネットに上げられちゃうわ」と、少しアルコールが入って、美智香の口調はくだけた感じになってきました。

「僕も、何か会社に不満があればすぐ書き込んでしまうかもしれません」

「会社の名誉毀損にならないように気をつけてよ」

「そうか、僕が法律違反をしてしまう可能性もあるのですね。僕は経済学部出身なので、労働経済学の授業は取ったんですが、法律のことは勉強できていません。でも、これからしっかり勉強していきます」

「もちろん経済学の知識も大切だから、君のような人材も会社には必要よ。法律は少しずつ勉強すればいいわ。それじゃ、その手はじめに宿題を出しておくわね。社員が会社の不正を告発したときに関係する法律に、

公益通報者保護法^(※5)というのがあるんだけれど、知ってる？」

「聞いたことはありますが、よくは知りません」

「それじゃ、来月に私が出社するまでに勉強しておいて」

「えーっ。これって業務命令ですか」

「私は上司じゃないから命令なんかしないわよ。人事部にいる社員が勉強しておかなければならないことを教えてあげてるだけよ。有り難い忠告だと受け止めて」

「はい、わかりました」

　そう言って美智香は、3杯目のグラスを飲み干して、マスターに、「次はブルネッロ・ディ・モンタルチーノをお願いね」と言いました。「僕は白ワインでいいですか」「もちろん、好きなものを飲んで。今日は初回だから私がおごるわ」「ありがとうございます。何がお薦めですか」「それじゃ、ソアヴェ・クラシコがどうかな」

　マスターは、「いいですね。いまちょうど空いているボトルがあるので、お注ぎします。彼は美智香さんの新しいお弟子さんですか」と言いました。

「弟子じゃないわ。でもまた豊夢商事に関わることになったのよ。そうそう、東畑君、マスターも以前に豊夢商事で働いてたのよ」

「辞めさせられたんですけどね」

　東畑は驚いて、「何かやらかしたんですか」と遠慮なくたずねました。どうもこれが、彼のキャラクターのようです。

「セクハラ疑惑でね。ほとんど濡れ衣なんだけど。まあ僕にも隙があって、同僚の女性にメールをいっぱい送っちゃったんだよね。でも磯谷に嵌められたのかもしれないけど」

「磯谷部長が関係しているのですか」と東畑は驚きつつたずねました。そこで美智香が、「磯谷さんはいま人事部長で、彼の上司になっているんですよ」とマスターに説明しました。

「磯谷さんは、僕にはそんなに悪い人にみえませんけど」と述べて、東畑は首をかしげました。

「彼が温厚な人物なのはわかってますよ。ただ、後から知ったんだけど、どうも僕がメールを送った相手女性は、磯谷の社内不倫の相手だったようでね。温厚な彼も、それでさすがに怒ったんじゃないかな。おおっぴらには怒れないから、僕を嵌めたんじゃないか、と思っているんだけど」

「なんだか豊夢商事の暗黒史のよう。東畑君、気にしちゃダメよ」

「あの家庭第一のようにみえる磯谷部長がですか。今日も、食事をしたらすぐに帰っちゃいましたよ」

「人は外見ではわからないよ。いまも、どこかちがう女性のところに行ったかもしれないしね。それはともかく、美智香さんが来るまでは、結構、あの会社もルーズだったんですよ。それだけ個性的な人材がそろっていた気もするけど」とマスターは昔を懐かしんでいるようでした。

「なんだか、私が入社して悪かったみたいですね。私はきちんと職務を遂行しただけなんですけど」と言いながら、美智香の目は少しとろんとしてきていました。

「よくわかってますよ。ただ、僕が豊夢商事にいたときから、昼間は営業で日本酒を売っていたけど、実は夜は副業でほぼ毎日ワインバーでソムリエをしていたことが、美智香さんにバレなくてよかったですよ。バレていれば、その時点でクビで、それだと退職金ももらえなかったでしょうからね。この店ももてなかっただろうし」と、マスターから驚きの告白がありました。いつもクールな美智香も、ほろ酔い気分も手伝って、「えっ」と大きな声を発していました。東畑は、「うちの会社も就業規則が変わるんですよ」という言葉が喉元まで出かかりましたが、美智香の前で守秘義務違反とかをやらかしたら大変だと思い、ぐっと言葉を呑み込みました。

　豊夢商事のかつてのエリート社員であった荻野マスターは、にやっと

笑い、自分のグラスには、お気に入りのボルドーの赤を注ぎました（⇒
前書第10話288頁以下）。

（※１）　労働者性については、前書の第５話※３も参照。

（※２）　３つの判決とは、INAXメンテナンス事件・最３小判平成23年４月12日（最重
判140事件）、新国立劇場運営財団事件・最３小判平成23年４月12日民集65巻
３号943頁、ビクターサービスエンジニアリング事件・最３小判平成24年２月
21日民集66巻３号955頁。

（※３）　個人事業主のなかには、一定の要件を充足すれば、労災保険への特別加入が
認められることもある（労災保険法33条３号等）。

（※４）　副業の場合の労働時間の算定について、2020年９月に改定された「副業・兼
業の促進に関するガイドライン」では、副業先については労働者の自己申告
された労働時間と通算することを認めているし、加えて、事前に先に労働契
約を締結しているＡ企業と後から締結したＢ企業との間で、それぞれ時間外
労働の上限を設定し（合計で単月100時間未満、複数月平均80時間以内）、それぞ
れについて割増賃金を支払うという「管理モデル」の導入も認めている。

（※５）　消費者庁消費者制度課編『逐条解説　公益通報者保護法』（商事法務、2016）
も参照。

（※６）　2021年４月に、改訂版が出されている。

第 2 話

同一労働同一賃金って何？
―2019 年 3 月―

挫折ばかりの人生

深池龍の、最初の就職先は、当時の4大証券会社の1つであった海一証券でした。最初は営業をやらされてつらい毎日でしたが、誰もが通る道だと思い我慢していました。ところが、その苦労の甲斐もなく入社5年目のときに、突然、会社が自主廃業をしたため、職を失ってしまいました。1997年のことでした。

幸い、前職の名前が利いたのか、再就職先探しにはそれほど苦労はしませんでした。再就職先は、埼玉県にある埼京銀行という地方銀行でした。そこでは、これまでの営業の仕事とはまったくちがう情報システム関係の部署に配属されました。新たな仕事は新鮮で、深池はよい転職をしたと思っていました。その間に職場結婚し、長男もさずかり、仕事にも慣れて順調に出世街道を歩んでいました。そんなときに、降って湧いたように起こったのが2008年のリーマンショックでした。埼京銀行も多くの金融機関の例にもれず、業績が大幅に悪化し、他の地方銀行に吸収合併される話が出ていました。このままでは将来が不安だと思っていたときに、追い打ちをかけるように、父が脳梗塞でたおれたという知らせが入ってきました。幸い一命はとりとめましたが、1人っ子である深池は、高齢の母に父のこれからの介護をまかせるわけにはいきませんでした。深池の実家は兵庫県西宮市にあり、埼玉までとても通える距離ではありません。そんなとき、銀行から希望退職の募集があり、条件をみると、深池の年収であれば、退職金が1,500万円上乗せされるというものでした。関東出身である深池の妻は、関西に行くことに最初は乗り気ではなかったのですが、深池の再就職先が、証券会社時代のOBのネットワークもあって、大手の情報通信会社のJCT社に決まると、一転して賛成してくれました。2009年のことでした。

深池は、再就職先を探すにあたって、親の介護があるため、勤務地の変更がないことを条件とすると決めていました。JCT社には、勤務地限定社員という雇用区分があったため、その身分で雇用されることになりました。処遇はJCT社の通常の正社員より落ちますが、埼京銀行時代とほとんど同じ水準でした。

　こうして関西での生活が始まり、妻も長男もすっかり関西生活に慣れたころ、JCT社は、新たな人事制度を導入すると発表しました。2018年のことでした。新たな人事制度とは、50歳になった時点で、いったん退職をし、その後、子会社に再雇用されて65歳まで勤務するという「退職・再雇用コース」と、現在の会社に在職したままで60歳になったときに定年で退職するという「満了コース」とのどちらかを選択しなければならないというもので、「退職・再雇用コース」を選択すると、賃金は平均して30％ほど下がるものの、65歳までの雇用が保障されたのです。勤務地限定社員も、どちらかのコースを選択することが求められました。もしどちらも選択しなければ「満了コース」を選択したものとみなされました。深池の場合、「退職・再雇用コース」になると、賃金は20％ほど下がるので、65歳までの雇用保障は有り難いけれど、この条件では困ると思っていました。すでに2度の転職を経験している深池でしたが、3度目の転職も視野に入れていました。1970年生まれの深池でしたが、50歳になるまでに、残されているのは1年だけで、その間に、「退職・再雇用コース」にするか、転職するかを決めなければなりませんでした。

　そんなこともあり就寝前に求人サイトをみるのが日課となっていた深池の目に、あるときふととまったのが、東京の中小企業の求人広告でした。日本酒を専門に取り扱う中堅商社が、新たに立ち上げるDX室の室長を募集していました。宮水で有名で酒造りが盛んな西宮市出身の自分にとって、これは何かの縁ではないかと感じるものがありました。待遇

も中小企業にしては、それほど悪くありません。深池は、自分の最後の
仕事はこれにしたいという気持ちになりました。

DX室の立ち上げ

　中上社長は、DX室の室長については、業務委託契約ではなく、雇用
契約を結ぶことにこだわっていました。
「やはり室長は、社員にやってもらうというわけにはいかないかね。新
たにできた高度プロフェッショナル制度というのはどうだろうか」
　美智香は、内心では、新しい物好きの中上社長が、また変なことを言
いはじめたと思いましたが、それは心にとどめて、「今年の４月から施
行されることになっている新しい制度ですね。労基法41条の２という
新しい条文ができました」と言いました。
　磯谷部長の「ちょっと説明してくれますか」という言葉を受けて、美
智香は、いつももち歩いているノートパソコンSurfaceを立ち上げて、
厚生労働省の高度プロフェッショナル制度に関する説明があるサイトを、
プロジェクタに映し出しました。
　高度プロフェッショナル制度とは、高度の専門的知識等を有し、職務
の範囲が明確で1,075万円以上の年収の労働者を対象として導入される
もので、労基法上の労働時間に関係する規定や割増賃金に関する規定を
適用しないこととする制度です。対象業務は、金融商品開発、金融商品
のディーリング、アナリスト業務、コンサルタント業務、研究開発業務
に限定されています。導入のためには、労使委員会の５分の４以上の多
数による議決により一定事項の決議をし、それを労働基準監督署長へ届
出をし、さらに労働者本人の書面による同意を要件とし、年間104日以
上かつ４週間を通じて４日以上の休日確保措置、健康管理時間の状況に

応じた健康・福祉確保措置、選択的措置（勤務間インターバル、健康管理時間を一定範囲内とすること、年休日以外に1年に1回以上継続2週間の休日の付与、健康診断の実施のいずれか）を講ずることが必要となります。

　美智香の説明は、いつものように要領を得たものだったのですが、それでも中上にとってはわかりにくいものだったようです。

「ちょっと面倒そうな制度だな。それに、うちは年収1,075万円も払えないぞ」

「そうおっしゃると思っていました」

「裁量労働制はどうだろうか」

　中上社長は、かつて美智香から裁量労働制の説明を受けたことを覚えていました（⇒前書第3話84頁以下）。新たに広報部に採用する西尾リカの処遇をどうするかに迷っていたときのことでした。それに厚生労働省の統計不正問題で、企画業務型裁量労働制の適用を拡大する法改正が失敗に終わったことは、今年（2019年1月から2月ごろ）大きく報道されていたので、中上社長の記憶に残っていたのでしょう。

「そうですね。企画業務型裁量労働制の適用は可能かもしれませんが、高度プロフェッショナル制度と同様、手続はたいへんですよ」と、美智香は言いました。

　2人の会話を聞いていた東畑は、「室長なら、管理職となるので、残業などの労働時間管理はしなくてよいのではないでしょうか」と発言し、それを受けて、磯谷部長も「高度プロフェッショナル制度とか裁量労働制とか面倒な手続を踏まなくても、管理職でよいのでないでしょうか」と、中上社長に向かって発言しました。

　美智香は、これも以前に説明したことのある「管理監督者」（労基法41条2号）のことを覚えているかな、と思いながら中上をみやりました。中上は、「いや、管理監督者と扱ってよい社員の範囲は非常に狭いので、簡単には認められない、と戸川君から前に教わったことがあるな」と

言って、美智香のほうを向きました（⇒前書第3話76頁以下）。美智香は、中上社長の記憶の良さに脱帽しながら、「社長のおっしゃるとおりです。今回のDX室長くらいでは、管理監督者として、労基法の労働時間などに関する規定を適用しないという取扱いは難しいと思います」と言いました。

　東畑は、よい提案をしたつもりでいたので、少し不満そうな顔をしていましたが、どうしようもありませんでした。部下の発言に乗ってしまった磯谷部長も、バツの悪そうな表情をしていました。

　美智香は空気を変えるために、話を先に進めることにしました。
「DX室長の労働時間管理は普通の扱いをして、給料も年俸制でいきましょう。西尾さんの例がありますよね。西尾さんの後に、年俸制を適用した社員はいますか、磯谷部長」
「あれ以降、広報部での中途採用者は、年俸制になっています。異動や退職などがあって、現在いる広報部の社員6名は全員年俸制です」
「DX室も室長は年俸制でよいと思います。報酬額は広報部の部長と同じ程度でよいのではないでしょうか、社長」

　美智香はてきぱきと仕切っていきました。こうしてDX室長は、年俸700万円と決まり、裁量労働制も適用されない扱いとなりました。さらに、美智香は、「新たな技術、商品又は役務の研究開発に係る業務」に該当すれば、2019年の法改正で強化された労働時間の上限規制は適用されないという説明も追加しました。室長の業務内容次第では、これに該当するかもしれないと思ったからです。

　こうして豊夢商事のDX室の体制は、室長は社員で、他のメンバーは業務委託契約で募集するというものとなりました。

幸男の学習メモ

　2018年6月に成立した働き方改革関連法により、労基法の労働時間規制は改正され、いわゆる絶対的上限が導入された。会社は、法定労働時間（1週40時間、1日8時間）を超える労働である時間外労働をさせる場合には、過半数代表と労使協定（三六協定）を締結して、労働基準監督署長に届け出なければならないが、その際に三六協定で締結する時間外労働の上限が月45時間、年360時間と定められ、臨時的な特別の事情があって労使が合意する場合（特別条項）でも、①時間外労働の上限が年720時間以内、②時間外労働と休日労働の合計が月100時間未満、③時間外労働と休日労働の合計について、「2カ月平均」「3カ月平均」「4カ月平均」「5カ月平均」「6カ月平均」がすべて1月あたり80時間以内、④時間外労働が月45時間を超えることができるのは、年6カ月が限度という規制が設けられた（労基法36条3項から6項）。この上限規制に違反すれば罰則がかかる。これまでは三六協定を締結しなかったり、その内容に違反して時間外労働をさせたりした場合にだけ罰則が適用されていたが、今後は一定の時間を超えて時間外労働をさせた場合にも罰則が適用されることになる（同法119条1号）。なお、これらの上限規制は医師などについては5年の適用猶予期間がある（同法附則139条以下）。また、新たな技術、商品または役務の研究開発に係る業務には適用されない（同法36条11項）が、この場合でも時間外労働に対する割増賃金の規制（同法37条）はある。この改正は2019年4月施行だが、中小企業は2020年4月施行だ。

残業代として業務手当を支払うことは可能か

　DX室の室長に年俸制を適用することは決まりましたが、磯谷部長は、年収700万円は、豊夢商事として支払えるぎりぎりの額であるとはいえ、これで優秀な人材に来てもらえるかについては不安がありました。年俸制以外に、残業があれば、法律上の割増賃金に関する規定に従って残業手当を支払っていますが、広報部では基本的にはノー残業でやっているので、実際上は残業手当の支払いが生じるケースはほとんどありませんでした。しかし新設のDX室では、そうはいかない可能性があります。そこで、磯谷部長は、時間外労働があることを前提に、割増賃金を最初から定額で払うと明示して、それを「業務手当」と呼び、年俸制の上乗せとして提示することによって、少しでも年収が高くみえるようにできないかと考えました。磯谷部長は、美智香が来社したときに、この案を披露してみました。

　美智香は、「これは割増賃金の定額払いというものですね。実際に行った時間外労働について法律で定める計算方法で算出した割増賃金がこの額を上回っていたときに、差額を支払うということにしていたら、法的には問題ありません」と言いました。

　磯谷部長は、安心した表情をしました。「ただし」と美智香は話を続けました。

「業務手当が、割増賃金の意味をもつ賃金であるということをはっきりさせなければなりません。これについては、ちょうど同じように業務手当を、残業手当の意味で支払っていたケースについての最高裁判決があります」

「そういうぴったりの判決があるのですか」と、東畑は驚いたように口をはさみました。美智香は、「こういう裁判は、それほど珍しくはあり

ませんよ。会社が、残業代を基本給に組み入れてしまい、残業代部分が特定できない場合には、残業代を支払っていないと判断されるという判例があるので、基本給とは別に独立の手当として残業代を支払うことが多いのです。ただ、そのときに正面から『残業代』というような名称をつけることは避けようとする傾向があります。おそらく最初から残業ありきという印象を与えてしまうと人材が集まらないからでしょう。それに、磯谷部長も考えられたように、別の名称の手当にしたほうが給料の上乗せという印象を与えることもできるでしょうし」と返しました。

「いまはやりの印象操作ですね」と東畑。

「まあそういう面がないとは言えませんね。ただ、リスクはありますよ。それが先ほどふれた最高裁判決と関係しています」

　美智香は、こう言って、2018年7月19日の日本ケミカル事件・最高裁判決^(※1)の判決文をプロジェクタに映しながら、説明をはじめました。東畑は、美智香のSurfaceのなかに判例のファイルが入っているのに驚きました。

　この事件で争点となったのは、薬剤師Aの残業代でした。AがB会社との間でかわした契約では、賃金について「月額562,500円（残業手当含む）」、「給与明細書表示（月額給与461,500円　業務手当101,000円）」と記載されていました。また、採用条件確認書には、「月額給与461,500」、「業務手当101,000　みなし時間外手当」、「時間外勤務手当の取り扱い　年収に見込み残業代を含む」、「時間外手当は、みなし残業時間を超えた場合はこの限りではない」との記載がありました。また、B会社の賃金規程には、「業務手当は、一賃金支払い期において時間外労働があったものとみなして、時間手当の代わりとして支給する」との記載がありました。さらにB会社とA以外の各従業員との間で作成された確認書には、業務手当月額として確定金額の記載があり、「業務手当は、固定時間外労働賃金（時間外労働30時間分）として毎月支給します。

一賃金計算期間における時間外労働がその時間に満たない場合であっても全額支給します」等の記載がありました。

　最高裁は、「使用者は、労働者に対し、雇用契約に基づき、時間外労働等に対する対価として定額の手当を支払うことにより、同条の割増賃金の全部又は一部を支払うことができる」と述べて、定額の手当を支払うことは認めています。ただ、これは定額の手当を支払えば残業代をすべて支払ったことになるということではありません。割増賃金の定額払いは、労基法37条やそれを具体化して割増賃金の算定方法を定めている労基則19条の規定どおりに算定された額を下回らないかぎり適法であるということです。これは先ほど美智香が説明したとおりです。

　最高裁判決は、以上の判示部分に続いて、「雇用契約においてある手当が時間外労働等に対する対価として支払われるものとされているか否かは、雇用契約に係る契約書等の記載内容の他、具体的事案に応じ、使用者の労働者に対する当該手当や割増賃金に関する説明の内容、労働者の実際の労働時間等の勤務状況などの事情を考慮して判断すべきである」とし、本件では、「本件雇用契約に係る契約書及び採用条件確認書並びにＢ会社の賃金規程において、月々支払われる所定賃金のうち業務手当が時間外労働に対する対価として支払われる旨が記載されていたというのである。また、Ｂ会社とＡ以外の各従業員との間で作成された確認書にも、業務手当が時間外労働に対する対価として支払われる旨が記載されていたというのであるから、Ｂ会社の賃金体系においては、業務手当が時間外労働等に対する対価として支払われるものと位置付けられていたということができる。さらに、Ａに支払われた業務手当は、1か月当たりの平均所定労働時間（157.3時間）を基に算定すると、約28時間分の時間外労働に対する割増賃金に相当するものであり、Ａの実際の時間外労働等の状況……と大きくかい離するものではない。これらによれば、Ａに支払われた業務手当は、本件雇用契約において、時間

外労働等に対する対価として支払われるものとされていたと認められるから、上記業務手当の支払をもって、Ａの時間外労働等に対する賃金の支払とみることができる」と述べました。

　つまり、契約書、採用条件確認書、賃金規程のいずれにおいても、業務手当が時間外労働に対する対価として支払われる旨が記載され、会社の賃金体系においても、業務手当が時間外労働等に対する対価として支払われるものと位置づけられており、Ａに支払われていた業務手当は、実際の時間外労働等の状況に照らした額と大きく乖離するものではないことから、業務手当は割増賃金の支払いとなると判断されたのです。

同一労働同一賃金とは何か

　東畑は、初めてみる実際の判決文に当惑していました。「どうして、こんな堅苦しい言い方になっているんだろう」と思う一方で、大学の経済学部の授業で学んだような数式などを使わず、言葉だけで、ここまで論理的に話を展開していく判決文に驚きを感じていました。「ただ、うちの会社の今回のケースでは、どうすればよいのか、よくわからないな」と思っていたところ、美智香は、「この判決からわかることは」と話しはじめたので、東畑は神経を集中させて聴くことにしました。

「少なくとも、業務手当が時間外労働の対価として支払われるものであることを明記する必要があるということです。そのことはきちんとその社員に説明しておくことが望ましいでしょう。また、年俸額と所定労働時間から法定の割増賃金の時間単価がわかるので、実際に室長にしてもらう時間外労働の時間数から計算して業務手当があまりにも低すぎるということになれば、業務手当は割増賃金とみることはできないと判断されてしまうことになります。そうなると、業務手当は通常の賃金だとい

うことになります。その結果、年俸額に業務手当も加算して割増賃金の算定基礎にされてしまい、未払いとされる割増賃金額はそれだけ増えてしまいます」

　東畑は、「判決からわかること」といっても、判決を読み解くことが必要であり、それは決して簡単でないことを知り、改めて美智香に尊敬の念を抱きました。そんなことを考えていると、磯谷部長が、妙なことを言いはじめました。

「わが社でも、いろんな手当が支払われているけれど、年俸制の広報部の人たちに支払わなくてよいのだろうか。同一労働同一賃金なんてことが言われている時代だからね。手当とかで差をつけてはならないでしょう。年俸制の人にも、住宅手当や家族手当は必要じゃないかな。業務手当は残業手当の代わりだから、残業がない広報部ではなくても問題ないと思うが」

　美智香は、磯谷の突拍子もない発想に驚いていました。最近は、「同一労働同一賃金」という言葉をよく耳にしますが、その意味がいったいどういうものかは、必ずしもはっきりしていないことが、こういうところにも波及しているのだなと思いました。同一労働同一賃金の本来の意味は、同一の職務あるいは同一価値の職務に従事する労働者間では、同一の賃金が支払われるべきということなのですが、実際には、それ以外の意味で使われることも少なくありません。磯谷のように、労働の意味を広くとらえて、正社員として同じように労働している以上、諸手当についても同一のものが支払われるべきという意味で、この言葉を理解している人も少なくないでしょう。ただ、法律的な観点からみれば、磯谷の考え方は間違っています。美智香は、ふたたび説明をはじめました。

「現在、法律の世界で言われている『同一労働同一賃金』というのは俗称にすぎません。実際には、正社員と非正社員の労働条件の不合理な格差を禁止することを、『同一労働同一賃金』と呼んでいるのです。ずい

ぶん名称と実質がかけ離れているのですが、『同一労働同一賃金』という言葉のほうがインパクトがあり、その実現をめざすといったほうが世間受けもよいので、使われてきたのだと思います。法律上は、労契法で無期雇用労働者と有期雇用労働者との間の不合理な格差が禁止され、パート労働法で、フルタイム労働者とパートタイム労働者との間の不合理な格差が禁止されています。そして今回の法改正で両者は統合されて、短時間・有期雇用労働法8条となりました。要するに、法律上は、正社員と非正社員との間の格差を禁止するということであり、正社員の間での不合理な格差を禁止するといったことにはなっていないのです。もちろん男女差別とかそういう格差は、別の規定で禁止されていますが」

　磯谷は、それでも納得していない感じでした。

「でも『同一労働同一賃金』というのは、法律でいちいち規定されていなくても、当然に求められるのではないでしょうか」

　また東畑も、「経済学でも『同一労働同一賃金』という考え方はあります。市場がきちんと機能していれば、同一の労働に対しては同一の賃金となるはずですよね」と疑問を投げかけました。

　美智香は、「『同一労働同一賃金』は、いろんな立場から議論できますが、少なくとも私たちがやらなければならないのは、法律に違反しないように労働条件を決めなければならないということです。ですから、豊夢商事の方針として、正社員間の手当を統一するというのは自由にやってよいのですが、それは法律上の義務というわけではないのです」

　磯谷も東畑も、この説明に納得したようでした。その表情をみて美智香はほっとしました。ちょっと話がややこしすぎるかなと思っていたからです。

「DX室長には、豊夢商事の社員としては、決して低くない年俸額を支払うことになるので、住宅手当と家族手当はそれに含まれていると、採用段階できちんと説明しておけば十分ではないかと思います。もちろん

法律上の義務である割増賃金も、業務手当という名称で支払うので、先に述べたようにきちんと説明しておけば問題はありません」と、美智香は話をまとめました。

磯谷は、「わかりました。法的に問題がないのなら、あえてDX室長に、住宅手当や家族手当を支払う必要はないだろうね」と言いました。

臨時社員の手当

美智香はこれで話はすんだと思っていたところ、東畑が、また新たな論点をもち出してきました。「先ほどの戸川さんの説明によれば、『同一労働同一賃金』は正社員と非正社員との間の格差の話だということですが、わが社では、臨時社員に家族手当や住宅手当を支払っていないのではないでしょうか」

美智香は、東畑を理解が早い新人だなと思いました。「そこは問題となる可能性がありますね。まず、短時間・有期雇用労働法8条から確認することにしましょうか。この法律は、2020年4月から施行されますし、豊夢商事のような中小企業では2021年4月からなので^(※2)、まだ先のことですが、いまから準備をしておくに越したことはないでしょう」と述べて、「では、東畑さん、この条文を読んでみてもらえますか」と言いました。

東畑は、突然の指名に驚いたようでしたが、美智香がプロジェクタに映した法律の条文を読みはじめました。「事業主は、その雇用する短時間・有期雇用労働者の基本給、賞与その他の待遇のそれぞれについて、当該待遇に対応する通常の労働者の待遇との間において、当該短時間・有期雇用労働者および通常の労働者の業務の内容および当該業務にともなう責任の程度、以下これを職務の内容という、そして当該職務の内容

および配置の変更の範囲その他の事情のうち、当該待遇の性質および当該待遇を行う目的に照らして適切と認められるものを考慮して、不合理と認められる相違を設けてはならない……です。でも、意味がよく理解できませんね」と困ったような表情で言いました。

「仕方ないです。法律の条文の多くは、正確性や論理性のほうを優先していて、普通の人にわかりやすいものとなっていないですからね」と美智香は言いました。

「条文を分解してみていくことにしましょう。まず格差が問題となる労働条件は、『短時間・有期雇用労働者の基本給、賞与その他の待遇のそれぞれ』となっています。条文上は、1つひとつの待遇ごとに格差をチェックすべきということです。ただ1つひとつという単位をどう区切るかは条文からははっきりしませんが、たとえばいくつかの手当がある場合には、その各手当ごとに格差の不合理性をみていくということです」

磯谷は、「給料は総額で管理しているので、1つひとつの手当をみてもあまり意味がない気がしますが」とたずねると、「そういう気もしますが、条文は総額でみることを明確に否定しています」と美智香は言いました。

「それから、比較の対象となるのは『当該待遇に対応する通常の労働者』となっていて、その解釈は難問なのですが、ここでは『通常の労働者』は、無期雇用ないしフルタイム雇用の正社員と考えておいてよいです。正社員の間で労働条件の違いがあるときには、その非正社員と同一部署の正社員との比較なのか、それともより広い範囲の、たとえば正社員全体の労働条件をみて、それと比較するのかは明確でなく、『当該待遇に対応する』というのがどういう意味かははっきりしませんが、少なくとも豊夢商事の場合は、年俸制の適用される広報部を除くと、正社員の部署間の差はあまりないので、とりあえず正社員全体が比較対象者となると考えておいてよいでしょう」

美智香は、さらに話を続けます。

「次に、不合理性の判断をするうえで考慮する要素ですが、それは、第1に、職務の内容、すなわち業務の内容および当該業務にともなう責任の程度、第2に、当該職務の内容および配置の変更の範囲、第3にその他の事情であり、そのうち問題となっている待遇の性質および目的に照らして適切と認められるものを考慮して行うとされています。通常は、職務内容が同一で、職務内容と配置の変更の範囲が同一であれば、格差は不合理とされやすいでしょうし、またどちらも同一でなければ、格差は不合理とされにくくなると言えそうですが、『その他の事情』をどこまで広くみるかによって結論が変わり得ると思います。『待遇の性質及び当該待遇を行う目的に照らして適切と認められるもの』という限定はありますが、何が『適切』かは、判断がわかれそうです」

　東畑は、「いまお聞きしていて思ったのですが、この条文から、1つひとつの手当の格差が不合理かどうかの判断を統一した解釈で行うことなんてできるのでしょうか。でも実際に裁判で決着が付けられているのですから、法律家というのは、すごいですね」と、言葉のうえでは感嘆しながらも、やや皮肉をこめた調子であることを美智香は聞き落としていませんでした。でも、むしろそういう感覚のほうが正常かなとも思いました。「たしかに、こういう条文だと、結局、最終的な判断は裁判をしてみなければわからない面が大きいです。実際、訴訟が次々と起きています。会社としても、訴訟リスクを考えるならば、できるだけ手当ではなく、基本給に組み入れて支払ったほうがよいと思います」と言いました。

　東畑は、「基本給も不合理な格差はいけないと書かれていますよね」という鋭い突っ込みをします。

「そうです。実は、2018年12月28日に『短時間・有期雇用労働者及び派遣労働者に対する不合理な待遇の禁止等に関する指針』というものが

出されていて、これが参考になります。その主たる内容は、2016年12月にすでにガイドライン案として出されていたものであり、これが正式な指針となったのです。この指針では、待遇ごとに、どのような場合に不合理となるか、ならないかという場合の典型例を挙げています。基本給についても書かれています。おそらく豊夢商事にあてはまる部分は、次のところでしょう」

　美智香はこう述べて、指針のなかの基本給に関する箇所を説明しはじめました。

「この指針には、『基本給であって、労働者の能力又は経験に応じて支給するものについて、通常の労働者と同一の能力又は経験を有する短時間・有期雇用労働者には、能力又は経験に応じた部分につき、通常の労働者と同一の基本給を支給しなければならない。また、能力又は経験に一定の相違がある場合においては、その相違に応じた基本給を支給しなければならない』と書かれています。豊夢商事でも、もし基本給が正社員にも臨時社員にも能力に応じて支給するものとなっているなら、能力が同じ臨時社員には、同一の基本給を支給しなければならないことになります。ただ、能力をどう評価するかは指針は何も述べておらず、それは会社の判断にまかせられています。豊夢商事では、正社員と臨時社員の能力を同一と評価できるケースはあまりないのではないでしょうか。指針では、能力に相違がある場合には、その相違に応じた基本給を支給すべきと書かれていますが、能力の相違の程度を量的に測定するのは不可能に近く、実際には不合理な格差として違法と判断される可能性は低いと思います」

　東畑は、「そういうことであれば、この法律はあまり効果がないのではないですか」と言い、「むしろ、手当として支払って、堂々と格差が不合理ではないと主張することはできないでしょうか」という正論を述べてきました。美智香は、「たしかに、私もそうあるべきだと思います。

実は、豊夢商事で格差となる家族手当と住宅手当については、先に述べた指針では何も述べていないのです。指針で格差が問題となる手当の例として挙げられていたのは、役職手当、特殊作業手当、特殊勤務手当、精皆勤手当、時間外・深夜・休日労働手当、通勤手当、食事手当、単身赴任手当、地域手当です」と言いました。

　それを聞いて、磯谷部長は、「豊夢商事では、時間外・深夜・休日労働手当は法定どおりのものを払っていますし、通勤手当は臨時社員にも正社員と同様に実費で支払っています。そこで挙げられているその他の手当は豊夢商事では正社員にも認めていないので、格差は問題とならないですね」と述べ、「家族手当と住宅手当はたしかに格差があるけれど、指針に書かれていないのであれば、臨時社員に支払わなくても問題ないと考えてよいのですね」と美智香に確認しました。

　「いやそうではありません。指針でも、『この指針に原則となる考え方が示されていない退職手当、住宅手当、家族手当等の待遇や、具体例に該当しない場合についても、不合理と認められる待遇の相違の解消等が求められる』と書かれていますし、実は裁判では、住宅手当と家族手当についても格差の不合理性が争われているのです」

２つの最高裁判決

　「裁判では、どのような結論になったのですか」と、磯谷部長は関心を示してきました。

　美智香は、ふたたび最高裁判決の説明をはじめました。2018年6月1日に、旧労契法20条に関する２つの最高裁判決が出ています。そのうちの１つである長澤運輸事件[※3]では、正社員に支払われている住宅手当と家族手当が、有期雇用の臨時乗務員に支払われていないことについ

て、この会社では、正社員には、「嘱託乗務員と異なり、幅広い世代の労働者が存在し得るところ、そのような正社員について住宅費及び家族を扶養するための生活費を補助することには相応の理由があるということができる」と述べて、結論としては、「嘱託乗務員と正社員との職務内容及び変更範囲が同一であるといった事情を踏まえても、正社員に対して住宅手当及び家族手当を支給する一方で、嘱託乗務員に対してこれらを支給しないという労働条件の相違は、不合理であると評価することができるものとはいえない」と判断しました。

　また、もう1つのハマキョウレックス事件^{（※4）}では、有期雇用の契約社員に住宅手当が支払われていなかったことについて、「住宅手当は、従業員の住宅に要する費用を補助する趣旨で支給されるものと解されるところ、契約社員については就業場所の変更が予定されていないのに対し、正社員については、転居をともなう配転が予定されているため、契約社員と比較して住宅に要する費用が多額となり得る。したがって、正社員に対して上記の住宅手当を支給する一方で、契約社員に対してこれを支給しないという労働条件の相違は、不合理であると評価することができるものとはいえない」としました。

　美智香は、「こうした判決があるので、家族手当も住宅手当も、臨時社員に支払わないことが、ただちに不合理な格差ということにはならないと思います。ただ、なぜ支払わないのかについては、きちんと臨時社員に説明をしておく必要があります。会社は、臨時社員からの求めがあった場合に、正社員との待遇の相違の内容や理由、考慮事項について説明することが法律上義務づけられています」と言いました^{（※5）}。
「たしかに、きちんと説明して納得しておいてもらえれば、後でトラブルになりにくいだろうね」と磯谷部長。東畑は、「説明するのはよいとしても、そもそも賃金制度というのは、社員の長期勤続へのインセンティブのシステムだと思うのです。だから、手当について正社員と臨時

社員とを同じにするのは筋が通らないですよね。そういうことは臨時社員としての募集に応募するときからわかっているはずですし。正社員なら、残業への対応など拘束性が強かったり、責任が重かったりするので、やっている仕事がかりに同じであっても差がつくのは当然だと思いますね。つまり、正社員と非正社員って同一労働をしているとは言えないのではないでしょうか。だから、こういう格差は、法的にも、合理性があるとみるのは当然だと思いますね」と、たまっていたものを吐き出すように言いました。

「法的に不合理かどうかの判断において、経営側の裁量的判断がどこまで尊重されるべきかは、議論があるところです。ただ、たんに長期勤続へのインセンティブという観点から正社員に手当を支払い、臨時社員には手当を支払わないという説明をしているだけでは、納得をしてくれない臨時社員が増えてくるでしょうし、そうなると訴訟リスクが高まり、場合によっては敗訴することもあるのです。東畑さんの釈然としない気持ちはわからないではないですが、人事は、そこのところは慎重にやっておいたほうがよいでしょうね」と美智香は、諭すように東畑に向かって言いました。

　東畑は、「戸川さんのおっしゃることはよく理解できました。ところで、わが社では臨時社員にはボーナスも退職金も支払っていませんが、これは不合理となりますでしょうか。ひょっとしたら臨時社員は納得していないかもしれませんが」と新たな論点を提起しました。美智香は、よくぞ言ってくれたという表情で、「実は、それはいま注目されている争点なのです。先月、東京と大阪の高裁で、非正社員に退職金や賞与の一部を支払うよう命じる判決が出たのです」と言うと、「それは大変ですね。うちの規程も見直しが必要となりそうですね」と磯谷が言いました。「おそらく上告されると思います。最高裁の判断が出るまでは待ってよいと思いますよ」と美智香が言うと、磯谷は「では、そうしますが、

今後、要注意ですね」と言って、この日の会議は終了しました[※6]。

幸男の学習メモ

　ハマキョウレックス事件と長澤運輸事件は、運送会社の乗務員である有期雇用の社員と無期雇用の社員との間の待遇格差が問題となったものだ。どちらの事件も、職務内容が同一であり、とくに長澤運輸事件は職務内容や配置の変更についても同一という事情があった。最高裁は、ハマキョウレックス事件では、無事故手当、作業手当、給食手当、住宅手当、皆勤手当、家族手当、通勤手当の格差について、住宅手当と家族手当以外は不合理と判断した。一方、長澤運輸事件は、定年退職後に有期の嘱託乗務員となったケースだったが、最高裁は、精勤手当と超勤手当については不合理とする一方、賞与、役付手当、住宅手当、家族手当の格差は不合理でないと判断した。

深池との面接

　東畑は、深池の履歴書をみて驚きました。「この方、過去2回転職していますね。海一証券、JCT社は大企業ですが、ちょっと落ち着きがない感じがしませんか」と磯谷部長にたずねました。磯谷は、「君は記憶にないかもしれないけれど、海一証券の廃業は突然のことで、社員の多くは世間から気の毒だと思われていたんだよ。当時の社長が号泣しながら『社員は悪くありませんから』と記者会見で述べたのは有名だよ」と東畑に説明しました。

「そのシーンは、私もテレビでみたことがあるような気がします」「そうだろう。それに埼京銀行の退職も、おそらくリーマンショックの影響

だろう」「でもJCT社の退職は、どうしてなのでしょうか」「そのあたり
は僕もよくわからないから、面接で聞いてみよう」

　DX室の室長には10人くらいの応募がありましたが、書類選考で残っ
たのは3人でした。そのなかに深池も含まれていました。書類選考の段
階から、中上も関わっていましたが、中上は当初から深池に関心をもっ
ていました。中上は、志望理由欄に、自分の職業人生はこれまであまり
ついてなかったが、自分のやりたい仕事をやることによって人生を変え
たいというような前向きなことを書いており、それが中上の心に刺さっ
たようです。面接は、中上と磯谷、そして記録係として東畑が関わりま
した。面接のなかで、磯谷は、これまでの深池の転職経験について質問
しました。

　深池は、「JCT社に再就職したのは、大手だからではありません。埼
京銀行がリーマンショックで経営が傾いて吸収合併されるという話があ
るなか、父が病気でたおれて1人息子の私が母を助けるために実家の近
くで働きたいという気持ちがあったからです。JCT社は勤務地限定社員
というのがありましたので、そのために転職したのです」と語りはじめ
ました。

　磯谷が「あなたには、東京の本社に来てもらいたいと思っているので
すが、大丈夫ですか」と言うと、「その父も昨年亡くなり、息子もこの
4月から東京の大学に行くことになり、妻はもともと関東の人なので、
母は西宮にいるのですが、まだ自分で生活ができるので大丈夫だと思い
ます。それに、何かあれば、東京に呼び寄せようと思っていますし。ほ
んとうのところは、JCT社には満足していたのですが、勤務地限定のま
ま働くと賃金を下げると言ってきて、勤務地限定を止めれば賃金は上が
るのですが、60歳で退職しなければならなかったのです。そういうこ
ともあって、JCT社にこだわる理由もなく、とくに関西にいる必要もな

いと思ったので御社にアプライしようと考えました」と、力をこめなが
ら言いました。

　磯谷は、「60歳で退職しなければならないというのは、法律違反では
ないですかね。65歳までは雇用を確保しなければならないはずですか
ら」と言うと、深池は、「いえ、そうではないようなのです。私が子会
社に行けば、65歳まで働けることになっていますので」と答えました。
中上は「まあ大企業だから、法律に抵触するようなことはしていないだ
ろうね」と、あまり根拠のない大企業への信頼を前提に発言しました。

　深池は、「そんなことよりも、アラフィフの自分にとって、ほんとう
にやりたい仕事に就きたいという気持ちが強くなったというのが、今回、
御社を志望した一番の理由です。私の故郷の西宮はお酒で有名なところ
ですし、私も日本酒は大好きです。また御社のHPには社長の写真入り
で、ビジネスや社員への情熱が書かれていて、それに強く惹かれました。
今日も、こうしてお会いできて、光栄に思っています」と、中上の目を
まっすぐ見つめて言いました。中上は、広報部から会社のHPに力を入
れるべきだという進言を聞き入れた甲斐があったと嬉しい気分になりま
した。こうして深池は、豊夢商事のDX室長へと3度目の転職をするこ
とになりました。

幸男の学習メモ

　就業規則に転勤を命じる条項（たとえば「業務の必要性があれば転勤を命じ
ることがある」）があっても、会社と社員個人との間で、特別に勤務地を限定
する契約を結ぶことは可能だ。この場合、就業規則と個別の契約との内容が
抵触することになるが、就業規則より有利な個別の契約は、就業規則に優先
することになっている（労契法7条ただし書）。豊夢商事でも、勤務地限定正

社員が導入されている（⇒前書第１話16頁以下）。日本の会社では、全国に支店や営業所などがある場合には、転勤するのは当然のことと考えられてきた。最高裁の判例も、1986年の最高裁判決（東亜ペイント事件^(※7)）により、転勤は、業務上の必要性がない、不当な動機や目的がある、通常甘受すべき程度を著しく超える不利益があるなどの特段の事情があれば権利濫用となるとされたが、実際の裁判で権利濫用とされるケースは多くなかった。ただ転勤はワーク・ライフ・バランスの配慮という労契法上の要請（同法３条３項）に反する面があり、現在では、育児や介護の負担を抱える社員への転勤には会社は慎重であることが求められている（育介法26条⇒前書第10話308頁）。また、転勤はほんとうに企業経営にとって必要なものか、たんに社員の忠誠心を測るという精神的な意味合いしかないのではないか、というような疑問の声も高まってきているようだ。また、今後テレワークが普及すると、転勤そのものが必要でなくなることになるだろう。

「アムール」にて

東畑が約束の時間にアムールを訪れると、すでに美智香は席に座って、バルバレスコを飲んでいました。イタリアのピエモンテ州のブドウ品種ネッビオーロの赤ワインです。

今日は、美智香のほうから、深池の面接の結果を知りたくて、東畑をアムールに呼び出していたのです。

「お待たせしましたか」

「さっき着いたばかりよ。今日は何を飲む」

「それじゃ」と言って、マスターの荻野に向かい「戸川さんと同じものをお願いします」と言いました。

「高級ワインだよ」

「そうなんですか」

「別にいいわよ。でも、いきなりバルバレスコじゃなくて、ランゲあたりからいったほうがよいのではないかしら」

　荻野はうなずいて、「それじゃ、1杯目はランゲにしましょう。ブドウの品種は同じなので」

　美智香と東畑は乾杯したところで、美智香が切り出した。「それで、今日の面接はどうだったの」

「深池という人は、大企業で働いていた経験があるから、ひょっとして豊夢商事を見下しているんじゃないかなと思っていたのですが、そんな感じはまったくなかったですね。社長も気に入っていたみたいですよ」

「どうしてJCTを退職していたの」

　美智香には、事前に深池の履歴書の情報は知らされていました。

「私には少し理解しにくかったのですが、普通の社員は、現在のまま60歳まで働くか、子会社で給料は下がるけれど65歳まで働くかを50歳の時点で選択しなければならないことになっていたようです。それで深池氏は、これまで勤務地限定社員として働いていたのですが、このままではさらに給料が下がることになって、などと言ってました」

「それは高年齢者雇用安定法のことね。裁判例には、少し事案は違うけど、似たような選択制を設けている会社があって、何も選択しなかったために60歳での定年で退職となった社員が訴えた事件があるのだけれど、選択すればグループ会社であるとはいえ65歳までの継続雇用が可能であったので、裁判所は高年齢者雇用確保措置の1つである継続雇用制度の措置をとっていたと判断したの^(※8)」

「戸川さんは何でもよくご存じですね」

「いつも勉強しているからよ。前回の公益通報者保護法の宿題はよくできていたわ。今回はこの継続雇用制度について、勉強しておくことを宿題に出しておくわね」

「えっ。でも頑張ります」

「マスター、おかわりお願いします。東畑君はどうする」

「僕は白ワインが飲みたい気分です」

「確か、前はソアヴェを飲んだわよね。今日は、ピエモンテ州のワインを飲んでるから、ガヴィがいいんじゃない。どうマスター」

「了解です」

　２人は２杯目のグラスを飲みはじめました。

「それにしても、判例を読むって大変ですね」

「そうね。同じ判決の解説でも、学者によっても評価はいろいろなので、私は信頼できる学者の書いたものだけを読んでいるわ。それでも判例は、次々に出てくるから勉強がなかなか追いつかないわ」

「僕にはとてもできそうにありません」

「でも先日の労契法20条についての意見とかは、とてもよかったわよ」

「いやぁ、戸川さんに褒められると嬉しいです。どんどん飲んでしまいそう」

「どんどん飲んで。私は、次はバローロにするわ。それに合ったフォルマッジョをお願いしますね、マスター。東畑君も、もう一回赤ワインに戻ったらどう。バローロは美味しいわよ」

「はい。すっかりイタリアワイン好きになりそうです」

　マスターは、にこりとして、「今度は彼女を連れてきてくださいね。今日は面接だったのですか」とたずねました。

「はい。新しくDX室を立ち上げたので、そのリーダーを外部から募集していて、その面接だったのです」

「よい人が応募してきましたか」

「そうですね。社長がある１人のことを気に入っていました。最初の就職先が海一証券でつぶれちゃって、次の就職先の地方銀行ではリーマンショックにぶつかって、そしてその次のJCTでは、半ばリストラのよう

な形でということで、苦労されている人ですね」

「JCTからの退職はリストラというわけではないと思うけど」と美智香は口をはさみました。荻野マスターは、「苦労人がリーダーになると、部下は大変かもしれませんね」とぽつりと言いましたが、東畑は「とても人間ができている感じで、心配ないですよ」と、軽い調子で答えていました。まさかマスターの予感が当たるとは、この時点では誰も知る由もありませんでした。

(※1)　最1小判平成30年7月19日労判1186号5頁

(※2)　中小企業とは、資本金額または出資総額が3億円以下、または、常時使用している労働者の数が300人以下の企業を指す（小売業、サービス業、卸売業は、これより低い基準である）。

(※3)　最2小判平成30年6月1日民集72巻2号202頁

(※4)　最2小判平成30年6月1日民集72巻2号48頁

(※5)　短時間・有期雇用労働法14条2項。さらに詳細は、「事業主が講ずべき短時間労働者及び有期雇用労働者の雇用管事業主が講ずべき短時間労働者の雇用管理の改善等に関する理の改善等に関する措置等についての指針」を参照。

(※6)　2020年10月13日に、最高裁は、正社員に対する「有為人材確保」論を踏まえて、退職金と賞与の格差を不合理としない判断を下して、高裁の判断を取り消した（メトロコマース事件・最3小判令和2年10月13日労判1229号90頁、大阪医科薬科大学事件・最3小判令和2年10月13日労判1229号77頁）。同年10月15日に出された日本郵政事件（佐賀、東京、大阪）の3判決を含めた5判決については、大内伸哉「旧労働契約法20条をめぐる最高裁5判決の意義と課題」NBL（2021）4頁を参照。

(※7)　最2小判昭和61年7月14日労判477号6頁

(※8)　NTT東日本事件・東京高判平成22年12月22日判時2126号133頁等。

第3話

子会社への出向指令にイヤと言えるか？
―2020年1月　コロナ直前―

社長の年頭所感

　豊夢商事では、仕事始めの日に、中上社長から全社員に対して電子メールで新年のメッセージが送られてくるのが恒例です。美智香も、いまは社員ではないのですが、2018年12月に業務委託契約を結んだときから、ふたたびこの年頭所感が届くようになりました。社長の頭のなかでは、社員扱いなのかもしれません。昨年は、ごく普通のメッセージでしたが、今年は少しちがっていました。

「昨年は、令和の時代が始まる天皇陛下のご即位があっためでたい年でした。ラグビーワールドカップの大成功もあり、インバウンド需要が高まったおかげで、わが社の業績も好調でした。社員のみなさんのボーナスにも、多少の上乗せができたと思います。今年も、この調子で社内一丸となって頑張りましょう」

　ここまではとくに違和感がありませんでした。しかし、ここから先が違っていました。

「今年のテーマは、変化とチャレンジです。世間では、デジタルトランスフォーメーションということが言われています。わが社でも、これから改革に意欲的に取り組んでいく必要があります。これまでは社員は家族ということでやってきました。もちろん、今後もこのことに変わりはありませんが、社員の1人ひとりに、もっと自立してもらうことも必要だと考えています。いま豊夢商事に求められるのは、革新的なアイデアをもった創造的な人材です。そのためには、みなさんが、新たな価値を生み出すためにチャレンジするという意識をもつことがどうしても必要

52

です。ぜひ、このような気持ちをもって、新しい1年に臨んでもらえればと思います」

　美智香は、中上社長が、「改革」や「創造性」という言葉を使うのは、いつものように流行に乗ったからだと思いましたが、「自立」という言葉には、何か引っかかるものがありました。ウェットで人情味のある中上社長に似つかわしくない言葉に思えたからです。中上が「自立」もたんに時流に乗って言葉にしただけなのか、それとも、もう少し深い意味があるのかが、美智香には気になりました。

　同じメールを受け取っていた磯谷部長は、新年早々、複雑な心境にありました。前年の8月上旬、その4カ月前に深池を室長にむかえて稼働しはじめたDX室から経営陣に対して、EC（電子商取引）事業を進めてはどうかという提案がありました。これからは、店舗での販売だけでなく、インターネットを使っての販売に乗り出すことが絶対に必要である、というのがその理由です。深池の提案は、社内にEC部を立ち上げ、その後できるだけ早期に、子会社として独立させるべきというものでした。子会社化の提案は、DX室の管轄を超えるものでしたが、深池は銀行勤務の経験から、ECは当初は自前でやるのはリスクが大きいので、親会社から切り離したほうがよいというものでした。子会社として設立して、豊夢商事から数名を出向させ、またECに強いIT系の会社からも数名を出向社員として受け入れたり、IT関係の専門技能をもつ派遣労働者を活用したりするのがよいと提案しました。

　中上はこの提案に乗り気でした。そして、豊夢商事では出向の例がなかったため、磯谷部長に対して、人事のほうでも出向の場合の対応を考えておくようにという指示を出していました。EC部はすでに10月に立ち上がっていたのですが、磯谷は、中上の年頭所感を聞いて、「社長はいよいよ子会社化を進めるつもりなのだな」と思いました。社員の出向

というのは、他の会社ではよくあることで、通常の人事異動と変わらない位置づけのところが多いのですが、中上には、別会社に行かせるという意識があり、その点で社員には特別な覚悟をもってもらう必要があるという気持ちをもっているようです。磯谷は、中上が使った「自立」という言葉に、こうした気持ちが表れていると思いました。

出向にともなう不満と不安

　磯谷が予想していたとおり、年明け最初の役員会で、中上社長から、豊夢商事が全額出資して「豊夢Eコマース」を立ち上げることが提案され、承認されました。豊夢Eコマースには、豊夢商事のEC部をそのまま移転させ、EC部所属の社員5名（部長1名、課長1名、係長1名、事務職員2名）のうち、部長であった高梨が新会社の取締役となり、その他のEC部所属の4名も、そのまま出向することが決まりました。新会社の社長は、豊夢商事の専務取締役である池橋が兼任することになりました。

　事前に指示されていたとおり、磯谷は、出向規程を定め、出向中の労働条件を定めるなどの準備を進めてはいました。ただ就業規則は、豊夢商事と共通のものとしたため、基本的には、労働条件に変更がありませんでした。勤務場所も、当面は、これまでのEC部の部屋と同じですが、豊夢Eコマースでは、外部人材を受け入れる予定なので、ゆくゆくは別のオフィスを借りることが予定されていました。

　磯谷は、1月30日に、EC部の社員を1人ひとり呼び出して、今回の出向に関する説明を行いました。まず最初に話を聞いたのが、かつて広報部にいて、EC部の立ち上がりとともにEC部に配置転換されていた遠山課長でした。彼は出向に難色を示しました。その理由を、詳しく聞

いてみると、どうも遠山の妻がこの出向に反対しているようなのです。反対しているポイントは、なぜ同期の高梨がEC部の部長に昇進し、今回さらに取締役にまで出世するのかという不満、もう1つは、賞与についてです。

　実は、豊夢商事と豊夢Eコマースでは、労働条件には1つだけ違いがありました。それが賞与なのです。豊夢商事の賞与は、基本給に一定の月数を乗じて支払うという方式でした（直近は3.5カ月分）が、豊夢Eコマースの賞与は、業績連動で支払うものとされていました。これは中上からの指示によるものでしたが、中上は、具体的な算定方式は明らかにしていませんでした。遠山の妻は、新会社だから業績を期待できないので、賞与が下がることは確実だという不満をもっていたのです。

　磯谷は、次に高梨部長から話を聞きました。彼は子会社とはいえ役員になることには満足しているようでしたが、これにともない、いったん豊夢商事を退職することになる点については、不安を覚えているようでした。

　その後、遠山と同じくかつて広報部にいたことがある大村係長、坂田、井上の3名にも順番に話を聞きましたが、3名とも、子会社への出向に、降格のようなイメージをもっているようで、やはり同意を得られませんでした。豊夢商事から追いやられると受け止めたのかもしれません。

　磯谷は、どう説得したらよいかわからなくなりました。頼るのは美智香しかいません。

出向と労契法

　2月1日、ちょうど世間では、中国武漢発の新型コロナウイルス感染症のことが大きな話題になりはじめたころ、美智香は、豊夢商事の人事

部の部屋で、磯谷と東畑から、EC部社員の豊夢Eコマースへの出向についての相談を受けていました。美智香は、これまでこの出向の件について、何も知らされていませんでした。社内でも秘密裏に話が進められていたからです。

　磯谷はこれまでの経緯を美智香に説明しました。

「今回の出向については、誰からも色よい返事をもらえませんでした」

　美智香は、中上の年頭所感の違和感は、この出向にあったのか、と思いました。

　心配そうな表情の東畑は、美智香の顔をみながら、「出向は社員の同意がなければできないのでしょうか」とたずねてきました。

「その質問にお答えする前に、基本的なところから確認しておくことにしたほうがよいと思います。まず出向については、労契法に定めがあるので、そこからみておくことにしましょう。東畑さん、14条を読んでもらえますか」

　東畑は、「はい」と言い、パソコンの法令検索サイトを使いながら、「えーと、これですね」と言い、条文を読み上げはじめました。

「使用者が労働者に出向を命ずることができる場合において、当該出向の命令が、その必要性、対象労働者の選定に係る事情その他の事情に照らして、その権利を濫用したものと認められる場合には、当該命令は、無効とする、です」

「これは出向の権利濫用に関することを定めた規定です。ただ、この条文でいっている『使用者が労働者に出向を命ずることができる場合』が、どういう場合かということは、法律で明記されていません」

「いま読むときに気づいたのですが、労契法の第3章は、『労働契約の継続及び終了』という見出しがついていますが、出向と懲戒と解雇しか定めていないのですね。他の人事に関する定めはないようです。他の章では、就業規則や有期労働契約に関する規定がありますが」

「そうなのです。労契法は、労働契約に関する初めての本格的な法律なのですが、そこで規定されている内容は、それほど多くはありません。法律の制定過程では、いろいろな議論があったのですが、最終的には、小さく産んで大きく育てる、という方針になったのです。だから条文数はあまり多くありません。労契法については、野川忍先生の『わかりやすい労働契約法』[※1] が出ていて、そこで法律の制定経緯なども紹介されているので、確認しておいてくださいね。この他、荒木尚志先生たちが執筆された『詳説 労働契約法』[※2] も参考になります」

「労働契約に関する法的ルールであっても、労契法をみればすべてわかるというものではないのですね」

「そうです。だから、判例や学説も重要となってくるのです。法学部出身ではない東畑さんにとっては意外かもしれませんが、法学の勉強というのは、そういうものなのです」

「わかりました。でも法学の勉強は、ハードルが高いですね」

「努力あるのみです。それで出向の話に戻りたいのですが、その前に、豊夢商事の配転の話をしておいたほうがよいかもしれません。私が前に豊夢商事の社員だったときに、ある問題社員の、企画部販売企画課からアーカイブ部への異動をめぐってトラブルが起きたことがありました（⇒前書第7話192頁以下）」

　ここまで黙って2人の話を聞いていた磯谷部長が、「そのことは、私も覚えていますよ。山下君の件ですよね。社内でも話題になりましたよ」と口をはさみました。

「はい。そのときまで、就業規則に明確な配転規定がなかったので、このトラブルをきっかけに配転規定を設けて、同時に出向についても規定を設けました。豊夢商事では出向は行われていなかったのですが、将来、そういうこともあろうかと思って、厚生労働省のモデル就業規則に基づいて、規定を設けました。もちろん、その際には、きちんと就業規則の

変更手続はふみましたよ」

東畑は、「それがまさかいまとなって役立つとは、という感じですね」と言いながら、美智香を尊敬のまなざしをもってみていました。

その就業規則の規定は、次のようなものです。

1　会社は、業務上必要がある場合に、労働者に対して就業する場所及び従事する業務の変更を命ずることがある。
2　会社は、業務上必要がある場合に、労働者を在籍のまま関係会社へ出向させることがある。
3　前2項の場合、労働者は正当な理由なくこれを拒むことはできない。

片道切符の出向？

磯谷部長は、「いま EC 部にいる社員は、もともと新設の部署だったから、みんな他の部署からの配転組でした。このときは、異動に誰も文句を言わずスムーズにいったので、今回も同じようにいくのかなと思っていたんですけどね」と言いました。

美智香は、この磯谷の楽観主義に驚いてしまいました。

「部長、配転と出向ではちがうと思いますよ」

磯谷がやや表情を硬くしたことに気づかず、東畑は無邪気に「どうちがうのですか」と美智香にたずねました。美智香が答えようとしたところ、磯谷が、少し気負った感じで答えはじめました。

「もちろん、両者の違いはわかっていますよ。配転というのは、同じ企業の下で配置を変更して、職務や勤務場所を変更することだが、出向は、元の企業に在籍しながらも、別の企業で勤務すること。それと転籍というものは、これと区別されて、出向と同様、別の企業に移籍することだが、出向とちがうのは、元の企業を退職する点にある」

58

「さすがは磯谷部長です。そうだとすると、配転と出向は異動という意味では、一括りにできるかもしれませんが、社員にとっての受け止め方はかなりちがってくるのではないでしょうか」

　美智香はおだてながらも、鋭い問いかけをします。

「まあちがうといえばちがうのだけれど、豊夢Eコマースは、もともと豊夢商事の一部門だったのだから、そこに異動するのは配転と同じようなものではないかと思うが……」

　東畑がぼそっと「出向は、期限つきだっただろうか」とつぶやきながら、出向規程を確認しようとしましたが、磯谷は、東畑の答えを待ちませんでした。

「いや今回新たに設けた出向規程には、出向の期限は定めていないよ」

「そこがポイントかもしれませんよ。多くの企業の出向は、3年ほどすれば、元の企業に戻ってこれます。これだったら、配転と同じようなものとも言えます。でも、今回の出向は、いわゆる片道切符の出向で、豊夢商事に戻ってこれないかもしれないので、社員としては不安になるのではないでしょうか」

「たしかに戸川さんの言うとおりで、私も彼らや彼女らの気持ちはよくわかるよ。ただ社長の意向がよくわからないこともあって、必ず豊夢商事に戻ってこれると確約できないので、期限を定めることができなかったんですよ。それに、その件は、社員側から質問がなかったので、あえてふれなかったんです」

　そこで一呼吸おいた磯谷は、「ただ、期限はどうあれ、就業規則に出向の規定があるので、正当な理由なしには、社員は出向を拒否できないですよね」ときっぱりとした口調で言いました。

出向に承諾は必要か

　美智香は、「それは東畑さんの最初に出した、社員の同意なしに出向
はさせられないのか、という質問と関係してきます」として、話を元の
軌道に戻しました。

　東畑は、「そうです。就業規則の規定というのは、合理性があれば、
労働者はそれに従わなければならないのですよね」と美智香に同意を求
めるように言いました。彼は、すでに労契法の定める就業規則のことを、
よく勉強していました。ここで関係しているのは、同法7条でいう内容
規律効のことです[※3]。東畑は、「豊夢商事の先ほどの規定は、合理性
がないのでしょうか」と美智香にたずねました。

「いや、合理性がないという判断はされないでしょう。そうである以上
は、たしかに、会社は就業規則の規定に基づいて出向を命じることがで
きそうです。ただ、学説上は、出向については、労働者に及ぼす影響が
大きいので、同意を得ずに、出向を強制できないとする見解もあります。
先ほど、部長が説明してくださった転籍のケースでは、元の企業から退
職させることになるので、転籍に応じてもらうためには、個別的同意が
なければならないとするのが学説上の通説です」

　東畑は、「では出向は実際にはどのようになされているのでしょう
か」と、美智香に質問攻撃をします。

「最高裁は、事業部門を協力会社にアウトソーシングして、形だけ雇用
主が替わるというタイプの出向の有効性が問題となった2003年の新日
本製鐵事件[※4]において、社員の同意のない出向を有効としています。
ただ、この出向は、社員の所属する労働組合が承諾しており、出向対象
者のほとんどが出向に同意しているし、仕事の内容も労働条件も変わら
ないというものでした。さすがにそこまでの状況がそろうと、出向に同

意していない社員にも、出向を強制してよいような気がします」

「ということは、結論としては、判例では同意は不要ということですか」

「この判決は、いかなる出向でも同意が不要になると言っているわけではありません。判決というのは、その扱った事案に即した法解釈をしたとみられるものもあり、その場合は、他のどのような事案にまで、そこで示された解釈が及ぶのかが問題となります。これは『判決の射程』と呼ばれ、学者の先生方が、判例評釈というもので、分析をされています」

「うーん。私には、とても判例の勉強はできそうにないですね」

「そう言わずに、頑張ってください。いずれにせよ、上記の判例はやはり特殊な出向のケースであり、一般的な出向では、社員の同意を得て行うべきだとする学説が多いようです。それに出向は、社員には大きな出来事なので、納得しない状況で異動してもらっても、よいパフォーマンスは期待できませんし、それは、会社にとってもよいことではありません。出向の必要性を丁寧に説明し、もし労働条件が変わるのであれば、その理由も社員にきちんと説明して、納得してもらったうえで異動させるというのが、人事のやるべきことだと思いますよ」

　しかし、磯谷は、釈然としない表情です。

「それだったら、就業規則の規定の意味がないんじゃないでしょうか。戸川さん自身、正当な理由がなければ拒否できない、という規定を設けたわけですよね」

「就業規則は、過半数代表者の意見を聴取して作成や変更をするものとはいえ、会社側が基本的には一方的に制定しているものですから、就業規則に定めがあるからといって会社から強引に押しつけていくと、社員の心は離反してしまいかねません。就業規則に根拠がないことはやってはいけませんが、根拠があるからといって、強要してよいということではないと思います。だから、会社には出向を命じる権利があるということは前提としてよいのですが、説明は可能なかぎり丁寧にやったほうが

よいのではないか、と思っています」

　美智香の説明にうなずきながら、東畑は、「遠山さんの場合は、奥さんにも納得してもらわなければなりませんが」と言うと、磯谷も美智香もくすっと笑って、場が少しなごみました。

幸男の学習メモ

　出向についての美智香の説明を聞いて、幸男は、出向についての学説に関心が出てきた。まず関係するのは、民法625条1項だった。同項は、「使用者は、労働者の承諾を得なければ、その権利を第三者に譲り渡すことができない」と定めている。この規定により出向においても、労働者の承諾が必要となりそうだが、そこでいう承諾は、必ずしも個別的な同意を意味するものではなく、事前の包括的な同意でもよいと解されている。しかし、出向が、指示命令をする会社が変わるという大きな労働条件変更であることを重視して、要件を限定する見解もあり、学説には、出向先やそこでの労働条件が特定されたうえての個別的同意が必要であるとする見解もある（西谷敏『労働法〔第3版〕』（日本評論社、2020）257頁）。また、そこまで厳格な同意は必要としないが、「包括的な規定ないし同意によって出向を命じるには、密接な関連会社間の日常的な出向であって、出向先での賃金・労働条件、出向の期間、復帰の仕方などが出向規程等によって労働者の利益に配慮して整備され、当該職場で労働者が通常の人事異動の手段として受容している（できる）ものであることを要する」と述べる見解もある（菅野和夫『労働法〔第12版〕』（弘文堂、2019）736頁）。

　ところで、豊夢Eコマースの場合には、EC部を、会社分割によって分社化するという方法もあったようだ。会社分割の場合には、会社法の定めるスキームに則して行う必要があるが、今回の場合であれば、新設分割として行うことになる（会社法762条以下）。このときの労働契約の移転については、

会社分割に伴う労働契約承継法で定めがあり、今回のケースでいえば、分割される EC 部の事業に主として従事する社員たちは、分割計画で承継対象に含められれば、本人の同意なく承継される（つまり、転籍する）ことになる（同法3条）。この場合でも、平成12年商法改正附則5条による労働者との協議がまったく行われなかった場合や行われてもその際の（分割会社からの）説明や協議の内容が著しく不十分であった場合には、労働契約承継の効力を争うことができるとするのが判例の立場だ（日本アイ・ビー・エム事件・最高裁判決^(※5)）。なお、EC 部の事業に主として従事していない他の社員を承継対象に含めても、当該労働者は所定期間内に異議を申し出れば、転籍を拒否できる（同法5条）。

固定か変動か

　2月3日、中上社長も参加して、高梨部長も含めた対象者5名に対して、豊夢 E コマースへの出向についての説明会を開くことになりました。美智香も、中上に懇請されて、この場に立ち会うことになりました。美智香は、中上には、この出向の意義などについて、丁寧に説明をするように事前に指示をしていました。

「今回の豊夢 E コマースの設立は、わが社の社運をかけた大きなイベントです。デジタル時代においては、店舗での販売は減少傾向にあると言われています。アマゾンや楽天市場の例をみればわかるように、商品はネットで購入する時代です。これは日本酒も同じです。こうした将来性のある事業を担う会社に、君たち精鋭に移ってもらい、思う存分、その能力を発揮してもらおうと思っています。もちろん、今回の異動にあたっては、労働条件などが下がることはありませんので、心配はいりません。豊夢 E コマースは、別の会社であるとはいえ、豊夢商事と兄弟

のような会社であり、どちらの会社の社員も、私にとって家族も同然なのです。みなさんに、今回の異動の意義を十分に理解してもらって、気持ちよく新天地で働いてもらえればと思っています」

　中上は、説明会の冒頭で、このように述べたのですが、出向対象者の反応は、あまりよくありませんでした。

　磯谷部長が、「では、みなさんから何か質問があれば、挙手をしたうえで、発言してください」と言うと、さっそく遠山課長が挙手をして、立ち上がりました。

「社長は、先ほど労働条件は変わらないとおっしゃいましたが、賞与は変わるのではないでしょうか」

　磯谷が返事をしようとすると、中上がそれを制しました。

「たしかに賞与の計算方法は変わります。ただ、豊夢商事の賞与の計算方法のほうが、おかしいのです。賞与というものは普通の会社では業績に連動するのであり、豊夢商事の賞与のように固定的なほうが一般的ではないのです。新会社の設立にあたって、普通の賞与の計算方法にしたのです。だから、これは労働条件の変更と呼べるようなものではありません。豊夢商事の賞与もいずれ改めるつもりです」

　美智香は、中上の言葉を聞いて、本人は本気で正しいことを言っているつもりなのだろうが、詭弁だなと思いました。普通の会社の賞与がどうであるかということと、社員にとって不利益な変更であるかは別の問題だからです。それに普通の会社の賞与も、必ずしも中上の言うようなものではありません。

　また就業規則の不利益変更の議論でも出てくる論点なのですが、固定的な賃金が変動的になるということ自体、労働者に不利益となるとするのが、労働法では一般的な考え方です。遠山課長が、これを不利益変更と考えて疑問を感じたのも無理のないことです。美智香は、中上と遠山のやりとりを聞きながら、話がこじれなければよいがと思っていました。

遠山は、「でも新会社でどれだけ業績を上げられるか未知数ですし、前に受けた説明からでは、賞与額に影響する業績が、会社の業績なのか、個人の業績なのかもはっきりしません」と食い下がります。

　中上は、少しいらいらした感じで、「会社の業績と個人の業績を分ける意味がわからないな。それに、業績を上げられるかどうか不安ということでは困るよ。これから君たちが、しっかり会社を支えていってもらわなければ困るんだ。個人の頑張りが、会社の頑張りにつながる。頑張れば賞与はたくさん支払われることになる。これこそが、賞与の本来の姿なんだ」と、やや早口で答えました。美智香は、これが中上の年頭所感で言っていた「自立」なのかなと思っていました。しかし、実はそこで話は終わらなかったのです。

中上の失言

　今度は大村係長が、挙手をして立ち上がりました。
「豊夢Eコマースへの出向となった後、いつかまた豊夢商事に復帰できるのでしょうか」

　大村係長は、磯谷部長に向かって質問したのですが、磯谷は黙っていました。これは社長が答えるべきことだと思っていたからでしょう。たまらず美智香は、「社長がお答えになればどうでしょうか」と磯谷に助け船を出しました。中上は、一瞬、困ったような表情をしましたが、意を決したかのように、「豊夢商事に帰る場所があるというような気持ちでは困る。豊夢Eコマースのほうで、骨を埋めるつもりで頑張ってほしい」と強い口調で言いました。

　大村係長は、場の雰囲気をあまり意に介さないタイプでした。
「豊夢Eコマースの経営がもし傾いたらどうしますか。もし会社をた

たむということになれば、そのときには豊夢商事に戻してもらえますか」

この質問は、中上社長の逆鱗にふれたようです。

「出向する前から、失敗することを想定してどうするんだね。成功することだけを考えて、前向きに進んでほしい。もし豊夢Eコマースが失敗したら、もちろん会社はつぶすよ。でも、そのときには、君たちの居場所もないと思ってくれたまえ」

磯谷も東畑もびっくりした表情で、中上をみていました。豊夢Eコマースは独立した会社とはいえ、株主は豊夢商事だけであり、その社長である中上の意向は絶対的なものですし、それに豊夢Eコマースの社長となる池橋は、社員に厳しい姿勢をとることで有名でした。「居場所がない」ということは、豊夢Eコマースがつぶれれば、解雇されるということと受け止められても不思議ではありません。中上以外の、その場にいた者全員が、表情をこわばらせました。

美智香は、これは失言だなと思いながら、でもこれが中上の本音だろうと思いました。中上がこだわっていた「自立」とは、こういうことなのでしょう。社員が家族という考え方は、社員に優しいけれど、どうしても生ぬるくなってしまい、激動の時代に新しいことにチャレンジする精神がなかなか生まれてこないというのは、よく中上が愚痴っていたことで、美智香も、何度も耳にしたことがありました。社員に精神的な「自立」を促すというのが、中上がやろうとしている社内改革であり、豊夢Eコマースの設立は、その一環だったのでしょう。

中上は、先ほどの発言の勢いで、「その代わり、先ほどの賞与の件は撤回する。豊夢Eコマースの社員にも、豊夢商事と同じ計算方法で賞与は支給する」と言い、磯谷のほうを向いて、「磯谷君、大丈夫だね」と言いました。磯谷は、困惑した表情を隠さないまま、「社長が、そうおっしゃるなら、そのように対応します」と答えるので精一杯でした。

一方、遠山はほっとした表情をしていました。豊夢Eコマースはつ

ぶれることなど考えにくいし、賞与がきちんと安定的に払われるほうが有り難いと思っていたのでしょう。もっとも、これには後日談があります。この後、新型コロナウイルス感染症が深刻化し、巣ごもり消費が増えます。そのおかげで、豊夢Eコマースでの売上高も、事前の想定の3倍以上となり、設立1年目からは、大きな黒字でした。賞与を業績変動にしていれば、おそらく多額の賞与をもらえていたことでしょう。

出向と転籍

　美智香は、どうも中上は、出向と転籍とを混同しているのではないかと思っていました。今回の出向で、EC部の社員は、いったん豊夢商事から縁が切れて、豊夢Eコマースに移籍すると考え、それでもできるだけ豊夢商事の社員と変わらぬよう扱うというのが、中上の発想のようでした。そうだとすると、中上は、法的には、今回の出向を、転籍としてとらえていることになりそうです。ただ実際に人事部で進めているのは、出向であり、異動後も、豊夢商事での籍は残るというものでした。したがって、豊夢Eコマースが会社として解散により消滅しても、出向社員が当然に解雇されるわけではなく、豊夢商事との間の関係は残ります。美智香は、さすがに、この点は明らかにしておく必要があると考え、こっそりと中上に対して、「会社をつぶしても、この方々を解雇することはできませんよ」というメモを渡しました。

　中上が、なぜそうなるのか意味を理解できたかはわかりませんでしたが、美智香の表情をみて、これはまずいと思ったのでしょう。

　「先ほど、豊夢Eコマースがつぶれたときには、君たちの居場所がないと言ってしまったが、これはあくまでそれくらいの気概をもって、豊夢Eコマースで頑張ってほしいという意味で、別に君たちをクビにす

るということではないよ」

　中上は、美智香のほうをみて、「これでいいんだな」という表情をしました。そして、この話を硬い表情で聞いていた高梨に向かって、中上は、「君も同じだよ」と言いました。美智香は、高梨の立場は他の社員とちがうと思いましたが、ここはそのまま受け流しておきました。

反省会

　説明会の後、中上も交えて、打ち合わせという名の反省会が開かれました。美智香は、まず中上社長に対して、出向について説明をすることにしました。出向と転籍がちがうということ、出向は元の会社に在籍していることが前提であること、労基法などの法律上の責任については、出向元と出向先のうち、問題となる事項について実質的な権限をもっているほうが「使用者」としての責任を負うこと、今回の出向で言えば、たとえば時間外労働に関しては、実際に労働時間管理をするのは出向先なので、三六協定の締結主体は出向先になること、安全配慮義務も、実際に指揮命令を行う出向先が責任を負うことなどです。

　そして最後につけ加えました。
「高梨さんは、少し特別な扱いになる可能性もありますよ」
「それはどういうことだね、戸川君」
「彼は、豊夢Ｅコマースの取締役になるわけですから、契約が切り替わります。雇用契約から委任契約に変わるのです」
　中上は驚いたような顔をして、「取締役になると契約が変わるのか。いままで、そんなことを意識したことはなかったな」と言いました。
「取締役になると、適用される法律が、労働法から会社法に変わり、契約の性質も変わるのです。ただ、多くの会社では、社員から昇進した取

締役は、普通の社員と変わらない業務も行うので、従業員兼務取締役などと呼ばれることもあり、従業員としての面では労働法が適用される可能性があります。労働法は就労の実態に応じて適用されるものだからです。これは以前にお話しした労働者性の問題の１つです」

「話が複雑だな」

「それよりもっと複雑かもしれないのは、高梨さんと豊夢商事との関係です。高梨さんを、EC部の他の社員と同様、豊夢商事に籍を残したまま、豊夢Eコマースの役員にするということも可能です。先ほど社長は、高梨さんに、『君も同じだよ』とおっしゃいましたが、それは、豊夢Eコマースが消滅しても、高梨さんは豊夢商事に復帰させるおつもりということですね」

「そうだよ」

「ただ、高梨さんには、出向にともない、いったん豊夢商事を退職させ、退職金も支払うということにしているのですよね、磯谷部長」

　突然、話をふられた磯谷部長は、とまどいながらも、「社長のご指示で、そのようにしています」と、社長のほうをちらちらみながら答えました。

　中上は、「退路を断つ、という気持ちでなければ困るということだよ。役員にしてあげるんだしね」と早口に言いました。

　美智香は、中上が時間を気にしはじめているので、最後にしっかり説明しておかなければならないと思いました。

「ここは法律関係を整理しておいたほうがよいと思います。高梨さんは、いったん豊夢商事との関係は切れます。だから豊夢Eコマースの役員になるのは、豊夢商事からみると転籍のようなものです。これは豊夢Eコマースにおいて、従業員的な働き方をして労働法が適用されるかどうかというのとは別の問題で、豊夢商事との関係は法的に切れるということです。ただし、転籍させた後であっても、復帰はありえるのであ

り、『君も同じだよ』という発言は、豊夢Eコマースがつぶれたときには、再度、社員として豊夢商事に雇用することを約束したというように解釈できます」

社長は、「なんだか話がややこしいけれど、転籍であれ、出向であれ、豊夢Eコマースに行ったことによって、社員が不利になることだけはやめてもらえれば、それでよいよ。もちろん社員には『自立』を促したいから、あまり甘いことは言わないようにしているけれど、どんなことがあっても雇用は守るというのが大原則だからね」と言い、「磯谷君、そこはよろしく頼むよ」と言い残して、部屋から出て行きました。

美智香は、「磯谷部長、高梨さんには、先ほどの説明は、きちんとしておいてくださいね。ポイントは、法的には、転籍扱いになること、だから豊夢商事との関係は切れてしまうけれど、中上社長は、雇用保障はきちんと考えているということ、です。それに可能であれば、取締役になると、会社法上の忠実義務とか競業避止義務とかがかかってくるし、任務懈怠があった場合には損害賠償責任が課されるなど、新たな会社法上のルールがかかってくるので、その点も説明しておいたほうがよいでしょうね。あんまり言うと、役員になりたくないって言ってくるかもしれませんが」と言いました。磯谷部長は、少しげんなりした表情をしながらも、「東畑君と一緒に頑張ります」と、ぼそりと言いました。

幸男の学習メモ

　株式会社の取締役は、株主総会の議決によって選任され（会社法329条）、会社との関係は委任に関する規定による（同法330条）。取締役に就任することにより、「法令及び定款並びに株主総会の決議を遵守し、株式会社のため忠実にその職務を行わなければならない」とされ（忠実義務。同法355条）、

競業および利益相反取引が制限されるし（同法356条）、任務懈怠について会社に対する損害賠償責任（同法423条。ただし、業務執行取締役等を除くと、責任を限定する契約を締結することはできる（同法427条））や悪意または重過失がある場合の第三者に対する損害賠償責任が課されている（同法429条）。取締役になるとこのような会社法上の種々の責任が課されることになるので、取締役として出向や転籍をさせる場合には、本人にその点について十分に情報を提供しておくことが望ましい。

会社の解散

　存在感がある社長が去った後の空虚感のただよう部屋で、東畑は「僕は社長の気持ちがわかる気がします。うまく行かなかったときのことばかりを考えているのは、後ろ向きで、あまりいい気分はしないですよね」と、美智香と磯谷に問いかけるように言いました。

　美智香は、「法的な議論というのは、トラブルを想定して、事前あるいは事後の対処をすることが何より大切で、いろいろ悲観的なシナリオも想定しておかなければならないのですよ。きちんと準備しておけば、何かあったときに適切に対応できるし、何もなければ、それはそれでよかったと思えばよいのです。つまり法的対策というのは、トラブルのための火災保険のようなもので、保険料は払わなければならないけれど、火事がないほうがよいというのと同じです」と言いました。

　美智香の発言中に、説明会の成り行きを心配していた深池が顔をみせました。子会社化の言い出しっぺは深池なので、責任を感じていたのでしょう。磯谷も、今日の説明会のことを、深池に知らせていました。磯谷が、手振りで着席を促しました。

　「よくわかりました。トラブルを想定するということになると、もし豊

夢Eコマースの業績が悪化した場合、実際のところ、どうなるので
しょうか」

　東畑の質問攻撃がふたたび始まりました。

「親会社は豊夢商事なので、豊夢商事が決議さえすれば、豊夢Eコマー
スの解散は可能です。この場合、豊夢Eコマースで新たに雇用した従
業員がいれば、解雇されます。解雇は、労契法16条で制限されており、
会社解散の場合に同条が適用されるかどうかについては議論があるとこ
ろですが、いずれにせよ会社が解散して消滅すれば、労働契約の消滅は
避けられません」

　そこに、興味深そうに美智香の意見を聴いていた深池が、「ちょっと
よろしいでしょうか」と口をはさんできました。深池は、美智香とは初
対面でしたが、彼女の噂は聞いていました。

　磯谷が「どうぞ」と言うと、「戸川さんですよね。初めまして、DX
室の室長をしております深池と申します」「初めまして、戸川です」「戸
川さんのお名前は、よく耳にしております。いまご説明いただいたとこ
ろに関して、少し私の経験したことも、お話しさせていただいてよいで
しょうか」「ぜひ、お願いします。私も勉強したいですから」「勉強など
と滅相もない、銀行にいたころ経験したことを少しお話しするだけです」

　深池が話したのは、いわゆる偽装解散に関するものでした。

「会社が解散すれば、解雇はやむを得ないのでしょうが、解散した会社
がやっていた事業が、別の会社で継続されていたらどうでしょうか。会
社の解散それ自体は、別に経営上何も問題がなくても、株主総会での適
法な決議があれば可能です。私の経験した事例は、ある会社が、子会社
に労働組合が結成されてしまい、その対応に苦慮して、いったん子会社
を解散して、そこの事業を別の会社に譲渡し、労働組合の組合員以外の
者だけを、その別会社で雇用したというものでした。こうしたことが適
法かどうかわからなかったのですが、親会社のメインバンクで、役員を

送り込んでいた埼京銀行は、ああこれは私が以前にいた銀行ですが、この方法を支持したのです。ところが、この後が大変でした。労働組合からは、これは労組法で禁止している不当労働行為であるとして、労働委員会に救済申立てがなされて、長い戦いになってしまいました」

「これは偽装解散と呼ばれるケースですね」と美智香が言うと、「偽装解散？」と、磯谷が、この言葉を繰り返しました。

「形式的には解散しているのですが、実質的には事業継続しているので、解散が偽装されているということですね。この場合でも、解散決議自体は争えませんが、事業を引き継いだ会社に対して、解雇された組合員たちを雇用するよう命じられることはあります」と美智香が言うと、深池は「そうなんです。先ほどのケースも、労働委員会でそうした命令が出てしまって、それが都道府県労委ですが、さらに中央労働委員会、そして裁判所でも争われて、結局、決着がつくまで8年近くかかりました。それで、裁判でも会社は負けてしまって、最終的には、多額の解決金を支払って組合員には辞めてもらったのですが、会社にとっても銀行にとっても、これだったら解散しないほうがよかったということになりました。労組法のことをよく知らない経営陣が軽率な判断をしてしまったことが、問題をこじらせた原因でした」

美智香は、「労働組合問題は、私が以前にこの会社の社員であったころにも、何度か関わったことがありました。おっしゃるように、安易な解決をしようとすれば、こじれてしまいますね。労組法のことを軽視してはならないのです（⇒前書第6話168頁以下、第7話209頁以下）。私は、経営者の人たちには、大内伸哉先生の『経営者のための労働組合法教室』[※6] を薦めています」と言うと、磯谷と東畑はメモをとっていました。

「私がいた銀行では、このトラブル以降、取引先に対して、労働組合の問題が生じたときには、必ずこの分野に詳しい弁護士に相談するように

して、経営者だけで対応をしないようにとアドバイスすることになった
ようです。豊夢Eコマースでも、社員が不満をもっていると、労働組
合の組織化につながって、経営陣を悩ませることになりかねませんから、
出向の最初の段階から気をつけてやったほうがよいですよ。いや失礼、
差し出がましいことを言ってしまいましたね。十分におわかりのことで
すよね」

　美智香は、「いやご忠告ありがとうございました。出向社員の場合は、
出向先が解散しても復帰できるので問題はないでしょうが、それでも労
働条件に不満があれば労働組合が結成される可能性はありますよね。出
向にみなさんそれほど乗り気ではなかったので、磯谷部長には丁寧に説
明をしてくださいね、とお願いをしていたところなのです」と言うと、
深池は「それで安心しました」と答えました。

　ただ磯谷は、なんだか自分の関係ないところで、自分の仕事がどんど
ん増えているような気がして、困ったことになったなと思っていました。

「アムール」にて

　反省会の後、美智香は、いつものように東畑をアムールに誘いました。
今日は、別に乾杯するようなことがあったわけではなかったのですが、
スプマンテを飲みたい気分だったので、プロセッコのグラスを注文しま
した。東畑にも、同じものを薦めました。
「戸川さん、磯谷部長、最後は泣きそうな顔をしていましたよ」
「どうしてかな」
「だって、出向についてもっと丁寧に説明しろとか、深池さんと一緒に
なって、出向後も労働組合が結成されたら大変とか、脅すからですよ」
「人事としては当然のことよ。東畑君も頑張ってね」

「これは、経験不足の僕には荷が重いですよ。それよりも出向ということで思ったのは、豊夢商事に正社員として入っても、他の会社に出向させられることがあるんだなということです」

「普通は出向なら戻ってこれるんだけどね」

「でも今回は、戻ってくることなど考えるなと社長はおっしゃっていますよね」

「たしかに、それはきついわね」

「日本の企業というのは、定年まで雇用を保障するものだと思っていましたが、こういうこともあるのですね」

「出向したって、雇用は保障されているとは言えるわよ」

「でも、それは想定していたのとはちがうんじゃないですかね」

　このやりとりを聞いていた荻野マスターは、「昔は終身雇用なんていう言葉があったけれど、そんなのいまや死語ですよね。実際、僕だって、途中で会社を辞めていますしね」と言いました。

　美智香は、トスカーナの赤ワインであるモンテプルチャーノ・ダブルッツォのグラスを注文し、そして白ワイン好きの東畑のために、オルヴィエート・クラシコのグラスを注文しました。

「昔は、正社員が自分から辞めるなんてことは考えられなくて、もし辞めると、何か不祥事でも起こしたのではないか、と周りからは勘ぐられるのが普通だったのだけれど……」

「実際、僕は不祥事で辞めたようなものだけれどね」とマスターが口をはさむと、「でもマスターは実は辞めるタイミングをはかっていたのでしょう。いまでは、マスターのように、自分から、よりよいキャリアをめざして転職するなんてことは普通になっているわ。私だってそうだし……」と美智香は言いました。

　そのとき東畑は、得意げに「実は最近読んでいた本のなかでみたのですが、キャリア権という言葉もあるそうですよ」と言うと、美智香は、

「よく勉強しているわね。これは、著名な労働法学者の諏訪康雄先生が提唱した言葉^(※7)で、いまでは多くの人が使っているわ。個人が自分のキャリアを意識した職業人生を設計していくことを、法的な権利として認めていこうとする議論よね」とすかさず答えました。

「なぁんだ。戸川さんも知っていたのですか。何でも知っていますね、いつもながら驚きです。マスターや戸川さんは、まさにキャリア権を実践しているという感じですね」

「僕らの世代でも、実は定年まで同じ会社で勤め上げるなんてことはほとんどなくて、一定の役職について、一定の年齢になれば、定年前であっても、その会社でのキャリアはひとまず終了ということになって、後進に道を譲ってきたんだよ。窓際に追いやられたり、肩たたきをされたりすることもあるし、もし子会社の役員にでもなれたら御の字だね。終身雇用なんて言っても、しょせんそんなものだったんだよ」

「そういえば、深池さんをみていれば、終身雇用とは真逆の転職人生ですよね。今回の出向の仕掛け人でもあるし、彼からみれば、出向なんて雇用が守られているので、何も問題はないという感じなのかもしれませんね」

「マスターも言ったように、終身雇用とか長期雇用とかいうのは、そもそも幻想だったのかもしれないわね。それにいよいよ経営者団体も、新卒一括定期採用はやめて通年採用なんてことを言い出していて、即戦力の人材を採用する方向になっていきそうだから、そうなると新卒で定年や定年後まで1つのところで働くといった基盤はなくなっていくかもね。東畑君だって、豊夢商事で定年まで働くつもりなんてないでしょう」

「そうですね。いまは転職を考えてはいませんが、自分のこれからのキャリア計画はしっかり考えていかなければとは思っていますよ。戸川さんやマスターのようなよいお手本もありますから」

美智香が「おべんちゃらだけは1人前だね」とまぜっかえすと、マス

ターは「東畑君は大丈夫だよ」と意味ありげに言い、「僕は君のほんとうの姿を知っているからね」と言いました。この爆弾発言に、美智香は驚いた表情をうかべ、東畑は不意を突かれて固まってしまいました。ふりしぼるように「僕の何をご存じなのですか」と言うと、「君はあの有名なYouTuberだよね」とマスターは答えました。

　東畑は、趣味の料理を生かして、お酒のつまみにぴったりな料理を紹介する「ユキリン」という動画番組で人気を博していたのです。サングラスをし、髪型も変えて、一見すると本人とはわかりませんが、知っている人がみれば、彼だとわかりました。

　マスターは「あれで結構食べていけるでしょ」と言うと、東畑は「全然ですよ。でも、これはここだけの秘密でお願いします」と言いました。「どうりで副業のことに関心をもっていたわけだ」と美智香はにやりと笑い、「YouTuberが副業の範囲に入るかどうかははっきりしないけれど、どっちにしろ、今日は口止め料として、君のおごりにしてもらおうかな。マスター、フランチャコルタの一番高いボトルを開けてね」と言う横で、東畑は顔を真っ赤にしていました。

（※1）　野川忍『わかりやすい労働契約法〔第2版〕』（商事法務、2012）
（※2）　荒木尚志＝菅野和夫＝山川隆一『詳説 労働契約法〔第2版〕』（弘文堂、2014）
（※3）　労契法7条本文は、「労働者及び使用者が労働契約を締結する場合において、使用者が合理的な労働条件が定められている就業規則を労働者に周知させていた場合には、労働契約の内容は、その就業規則で定める労働条件によるものとする」と定めている。つまり、就業規則は、労働契約締結時において周知させていて、内容の合理性があれば、労働契約の内容を規律する。
（※4）　最2小判平成15年4月18日労判847号14頁
（※5）　最2小判平成22年7月12日民集64巻5号1333頁

（※6）　大内伸哉『経営者のための労働組合法教室』（経団連出版、2012）。2020年に
　　　　第2版が出ている。

（※7）　諏訪康雄『雇用政策とキャリア権──キャリア法学への模索』（弘文堂、2017）

第4話

テレワークを導入する！
―2020年4月　ウィズコロナ　フェーズ1―

首相の緊急事態宣言

　2020年4月7日、中上の社長室においているテレビには、安倍晋三首相（当時）の緊急事態宣言を告げる場面が出ていました。

「……先ほど諮問委員会の御賛同も得ましたので、特別措置法第32条に基づき、緊急事態宣言を発出することといたします。……繰り返しになりますが、この緊急事態を1か月で脱出するためには、人と人との接触を7割から8割削減することが前提です。これは並大抵のことではありません。これまでもテレワークの実施などをお願いしてまいりましたが、社会機能を維持するために必要な職種を除き、オフィスでの仕事は原則自宅で行うようにしていただきたいと思います。どうしても出勤が必要な場合も、ローテーションを組むなどによって出勤者の数を最低7割は減らす、時差出勤を行う、人との距離を十分に取るといった取組を実施いただけるよう、すべての事業者の皆様にお願いいたします」

　豊夢商事は、すでに新型コロナウイルス感染症が広がりをみせていた2月半ばから、社員の申請により在宅勤務をすることを特例として認める旨を社員に告知していました。ただ実際には、小学校や幼稚園が休校・休園となったり、保育園が閉鎖されたりして、出勤が難しくなった社員が申請しただけでした。

　中上は、豊夢商事でも、全面的にテレワークを導入する必要がありそうだなと考えていました。幸い、前年、DX室を設置して、社内業務のデジタル化が少しずつ進んでいました。ペーパーレスにも取り組んでいました。社内で押印を必要とする手続も、ほぼなくなっていました。深池は、テレワークについても中上に進言していましたが、それはまだ部分的にしか着手されていませんでした。

　今回、テレワークを全面的に導入するとなると、社内の規程などを変

更する必要がありそうです。そうなると、これは人事部の出番です。中上は、磯谷人事部長を呼び出すことにしました。

　磯谷は、ただちに、いまや欠かせない右腕になっている東畑と一緒に、社長室に現れました。

「どうも、政府の姿勢からすると、わが社でも本格的にテレワークを導入する必要がありそうだね」

「そのようですね」

「これまでのわが社のテレワークの実績はどうなっているかな」

「DX室での業務委託で働いている人たちは、もともと在宅勤務ですが、社員については、本人の申出がある場合に認めているだけで、現時点では5名が週2日の在宅勤務をしています」

「たったそれだけかね」

「はい。やはり会社に来なければできない仕事もたくさんあるというのと、自宅ではいろいろやりにくいこともあるようです」

「やりにくいとは、どういうことかな」

「前にヒアリングをしたときには、自宅の通信環境がよくないとか、仕事部屋がなくてリビングやダイニングテーブルで仕事をしているので、子どもが邪魔をするとか、そういう悩みです」

「通信環境の問題なら、会社のほうでもできることはあるよね」

「Wi-Fiのルーターをレンタルして提供することなどは考えられます。それと家が手狭であれば、自宅近くのシェアオフィスを利用してもらうということも考えられます」

「いずれにせよ、豊夢商事の社員は全員が在宅勤務できるようにしたいのだがね」

「それはかなり難しいと思いますよ。DX室がデジタル化を推進してくれていますが、どうしても出社しなければならない部署はあります。たとえば、われわれ人事部はどうでしょうか」

この磯谷の言葉に、いままで2人のやりとりを黙って聞いていた東畑ですが、このタイミングを逃さないとでも言わんばかりに、口をはさんできました。

「人事部の仕事は、在宅勤務でも大丈夫だと思いますが」

「いや、それは無理だろう。いろいろ君と連絡するときに、君が自宅にいるなら、やりにくくて仕方がないよ」と、磯谷は答えました。

「メールでのやりとりだけでなく、いまはチャットでも使い勝手のよいものが出ています。必要であれば、オンライン会議もできます。私の友人でも、自宅で普通に仕事をしている者が急速に増えています。みんな満足しているようですよ。いまはいろいろな情報ツールが出てきていますし、人事部こそ率先してデジタル化をして模範を示す必要はないでしょうか」

　東畑は磯谷の顔が曇るのを気づいていないのか、気づいているけれど無視しているのかわかりませんが、どうもこの2人はデジタル化への姿勢が正反対のようです。

「ただ、テレワークといっても、完全にすべての労働日をテレワークにするのは難しいと思うけどね。社長も、そこまでなさるつもりはないのですよね」と、磯谷は社長を味方につけようとしているようでした。

　ところが中上は、あっさりと「私は、やる以上は徹底してやったほうがよいと思うよ。私もできるだけ出社しないようにするぞ」と答えたので、磯谷はがっかりしたようでした。

「いや社長、社内ではハンコはやめましたが、取引先や役所の申請書類などで、押印が必要なことがまだあるのです」

「たしかに、そうだね。ただ世間では徐々にハンコ文化に対する批判が高まっているようだから、そういう動きが出てきたらただちに対応できるように、いまから準備しておくようにしよう」

「なかなか、それは難しいと思います。いずれにせよ、経理のほうは、

82

何日かは出勤してもらわなければ困りそうですが……」

美智香もテレワーク

　中上は、磯谷の最後の言葉はスルーして、前向きに話を進めていこう
としていました。
「在宅勤務をするとしたら、就業規則や社内規程などを整備する必要が
あるだろうね」
「はい、一番心配なのは、情報漏えいです」
「それなら、DX室の深池君に相談に乗ってもらおう」
「わかりました。それから、やはり勤怠管理のことが心配になります」
「磯谷君は心配症だね。でも、勤怠管理はもちろん大切だ」
「それだったら、いまはクラウドで管理できるWeb勤怠管理があるの
で、うちの会社も導入を検討されたらどうでしょうか」と東畑が言うと、
「それなら、これも深池君と相談する必要があるかもね」と社長が答え
ました。
　新しいことに飛びつくのは、中上のいつものことですが、業務が増え
そうだと磯谷は内心ヒヤヒヤしていました。東畑は、中上と同様、新し
いことが好きなようです。
　ただ磯谷は、「はい深池さんと相談はしますが、DX室は企画が中心
の部署で、情報漏えい対策や勤怠管理はやはり人事部が中心となってや
るべきかと思います。IT関係は東畑君も詳しいようですから」と言う
と、東畑が「いや僕はそれほど詳しくありません。やはり深池さんに
頼ったほうがよいと思いますよ」と脳天気に言ったので、磯谷は、内心
歯ぎしりしているようでした。人事部の部長としては、自分の部署の管
轄が、他の部署によって浸食されるのはイヤだったのでしょう。東畑は、

もう新人の社員ではないのですが、こうした社内の空気がまだ十分に理解できていないところがあります。

中上は、「まあみんなで協力してやるように。それと人事のことだから、戸川君にも相談しておくようにね。そういえば、最近、戸川君の顔をみないね」と怪訝そうな表情をしました。

「戸川さんは、2月からこちらには来ていません。戸川さんも、テレワークをしているようです」と東畑が答えました。

「彼女は、自分で事務所をかまえているんだよね。最初から在宅勤務のようなものじゃないかね」

「はい。でも、月に数度は、豊夢商事に来て相談に乗ってもらっていたのですが、いまは相談もリモートでやっています」

磯谷は、「私は、やはり対面でなければ相談はやりにくいと言ったのですが、戸川さんは感染の危険があるので、よほどのことがないかぎりリモートでやりたいと言われるので、仕方なく……」と口をはさむと、「こういうテレワークのよい実践例があるんだったら、ぜひ戸川君に話を聞きたいよね」と社長は嬉しそうに声を弾ませました。どうしても、磯谷の思いとはちがう方向に話が進んでしまいます。

「彼女から話を聞くとしてもリモートですよ」

「もちろん、わかっているよ。商談は対面でやらなければという人もいるけれど、私はきちんと準備をしておけば、基本的には商談だってリモートでできると思っているんだよ。そのほうが時間の節約にもなるしね。ましてや人事の相談くらいのことなら、リモートで十分だよ。とにかく私も試してみて、リモートでどれだけやれるか確認してみたいからね。もちろん役員会も、これからはオンラインにしよう」

磯谷は、「彼女との契約書では、月に最低2度は、出社してもらうことになっていたのですが、現在の状況は、実は契約違反でして……」と言うと、「そういう堅苦しいことを言ってはいかんよ。リモートで打ち

合わせをするのも、出社と言えないこともないだろう」と社長は、語気を強めました。磯谷がずっとネガティブなことばかり言っているので、中上の機嫌がだんだん悪くなってきました。

　さらに東畑は、「契約書にどう書いてあっても、社長がお認めになれば、会社としてはOKということで、それで法的に問題はないわけですよね」と言うと、磯谷は、中上社長の肩ばかりもつ発言をする東畑に、後で少し説教をしなければならないなと感じていました。

オンライン会議

　人事部に戻って、磯谷は、東畑に対して、在宅勤務となることによって、どのような検討課題があるかをピックアップするように指示をしました。

　その1週間後、人事部の会議が開催されました。
「今日の会議では、戸川さんにはリモートで参加してもらいます。戸川さん、私の声は聞こえていますか」

　口の動きだけあって、声が出ていないことに気づいた美智香は、「磯谷部長、ミュートになっているようですよ」と声をかけました。
「すみません、いま解除しました。これでどうでしょうか」
「はい、大丈夫です。私の声のほうは大丈夫ですね」
「はい。それでは、今日の会議は、事前にメールでお伝えしたように『在宅勤務を実施するうえでの論点整理』を議題にします。DX室の深池さんにも参加してもらっていますが、三密を避けるために、深池さんもDX室からのリモート参加となります。それではまず、東畑君のほうから、説明をしてもらいます。資料は画面共有します。なお、今日は、社長も後からリモートで参加することになっています。それでは東畑君、

よろしく」

「それでは、ご説明いたします。今日は、時間の関係もありますので、主として、費用負担の問題と労働時間管理の問題に絞ってお話ししたいと思います」

　東畑は、こう述べて、立ち上がり、スクリーンの横に移動して、手元のノートパソコンを操作しながらプレゼンをはじめました。東畑が説明した内容は、厚生労働省が出している「情報通信技術を利用した事業場外勤務の適切な導入及び実施のためのガイドライン」の簡易版である「テレワークにおける適切な労務管理のためのガイドライン」（以下、テレワーク・ガイドライン）を参考にした、次のようなものでした[※1]。

　まず社長からの指示もあった、在宅勤務にともなう通信環境について、その費用負担がどうなるのかについての説明から始めました。テレワーク・ガイドラインでは、「テレワークを行うことによって生じる費用については、通常の勤務と異なり、テレワークを行う労働者がその負担を負うことがありえることから……あらかじめ労使で十分に話し合い、就業規則等において定めておくことが望ましいです」となっていました。

　具体的に話し合いの対象となり得る費用の例としては、①テレワークに要する通信費、②情報通信機器等の費用負担、③サテライトオフィスの利用に要する費用、④専らテレワークを行い事業場への出勤を要しないとされている労働者が事業場へ出勤する際の交通費でした。

　また、「あらかじめ労使で十分に話し合い、就業規則等に定めておくことが望ましい事項」としては、「労使のどちらが負担するか、使用者が負担する場合における限度額、労働者が請求する場合の請求方法」となっていました。

　そして、東畑が事前に磯谷とも相談してつくった原案は、5,000円の在宅勤務手当を設定し、通勤手当は廃止するというものでした。そして、パソコンとWi-Fiルーターは、自宅で個人が保有している場合でも、セ

キュリティ面で不安があるので、深池のアドバイスを受けて、会社が貸与することにし、個人のパソコン使用（いわゆる「BYOD（bring your own device）」）は認めないことにしました。在宅勤務手当を一律にするのは、個人ごとにかかった費用を精算するのは手間がかかりすぎること、とくに電気代などの光熱費を考えると、実費で支払うことにすると、仕事にかかった費用と私的な目的で使った費用の区別が難しいことが理由です。また、在宅勤務ができない特別な理由がある場合には、会社に申請したうえで、サテライトオフィスを利用することを認め、その費用も会社が負担することにしました。この手続は、正社員だけでなく、非正社員にも適用することにしました。在宅勤務手当は賃金かどうかはさておき、「同一労働同一賃金」が言われる時代ですので、格差を設けないようにしたのです。

　以上の点については、手続の進め方としては、一度、社内で説明会を開いて、社員の意見を聴き、必要であれば修正も加えたうえで、できるだけ早くに施行するつもりであると言って、東畑はひとまず説明を終えました。

　磯谷が「ここまでで何かご意見やご質問はありますでしょうか」と言ったので、美智香は、さっそく、画面の向こうで手を挙げました。
「よろしいでしょうか」
「はい」
「5,000円は少し安いかもしれませんが、パソコンのレンタルなどの会社の負担を考えると、やむを得ないと思いました。ただ1つ気になったのは、これらの変更は、就業規則の変更として行うことになるのでしょうが、通勤手当の廃止の部分は、就業規則の不利益変更[※2]とならないでしょうか」

　磯谷は、視線をカメラにむけないまま、スクリーンに映っている戸川に向かって「そこは私たちも少し気になったのですが、在宅勤務手当に

おき換えるだけですし、たしかに通勤手当はほとんどの人が5,000円を超えているので、額だけみれば不利益と言えそうですが、これは通勤に要する費用ですので、通勤しなくなったら支給しないのは当然で、不利益変更にならないのではないか、という判断をしました。それとどうしても出勤しなければならなくなった場合には、そのときの実費は支給するので、社員にも不利益はないという判断です」と答えました。

これに対して美智香は、「やはり通勤手当がなくなること自体は、不利益変更にあたると思います。したがって、労契法9条による労働者の同意か、それがなければ10条による合理性が必要となりますが、合理性は認められるだろうと思います。このあたりは説明会で丁寧に説明して、社員の同意をとるのがよいでしょうね。やや気になるのは、通勤手当は標準報酬月額に含まれるので、それを廃止すると、保険料が減る可能性はありますが、将来の年金も減る可能性もあります。ここのところも説明をしておいたほうが安全でしょうね」と答えました。

「いや、年金のことまでは考えていなかったです。アドバイスありがとうございました。それでは、おっしゃったこともしっかり説明し、社員に納得してもらったうえで、できるだけ速やかに新しい制度に切り替えることにします」と言って、磯谷は画面向こうの美智香に頭を下げていましたが、美智香は気づいていないようでした。

幸男の学習メモ

　労基法では、賃金について、「賃金、給料、手当、賞与その他名称の如何を問わず、労働の対償として使用者が労働者に支払うすべてのもの」と定義されている（労基法11条）。「労働の対償」でなければならないので、福利厚生のようなものは、賃金に含まれない。また結婚祝金、死亡弔慰金、災害見

舞金等の恩恵的給付や退職金は、労働協約、就業規則、労働契約等によって
あらかじめ支給条件の明確な場合にのみ賃金に該当する（昭和22年9月13日
発基17号）。会社の業務に必要な諸経費の支払いは、本来、会社が負担すべ
きものなので、賃金には該当しない。出張経費も同様だ。ただし、通勤手当
については、労働者の労務提供義務が会社の住所において履行すべきもので
（民法484条1項）、そのための弁済の費用は原則として債務者である労働者
が負担すべきものなので（同法485条）、これは必要経費には該当せず、支給
基準を明確にして支給する場合には、賃金に該当すると解されている。労基
法上の賃金に該当することにより、同法の定める通貨払い、直接払い、全額
払いなどの原則が適用されることになる（労基法24条）。定期券代を支払う
のではなく、定期券という現物で支給する場合には、通貨払いに反するので、
労働協約の定めに基づくという例外要件を満たさないかぎり違法だ（同条1
項ただし書）。

　通勤手当は、時間外労働、休日労働、深夜労働をした場合に支払われる割
増賃金の算定基礎となる賃金に含まれないことは、明文の規定がある（労基
法37条5項）。このため、通勤手当の廃止は、（とくに会社が任意で算定基礎
に含めている場合を除くと）割増賃金の額には影響しない。一方、休業手当
（同法26条）や解雇予告手当（同法20条）などの算定基礎となる平均賃金（同
法12条）の算定基礎には通勤手当は含まれる（昭和22年12月26日基発573号）。
そのため、通勤手当が廃止されると、平均賃金に基づいて支給されるこれら
の手当の額は減少することになる。なお、最低賃金法に基づく最低賃金を支
払っているかどうかの判断においては、通勤手当は除外するという運用がな
されている（最低賃金法4条3項3号の「当該最低賃金において算入しないこ
とを定める賃金」に該当すると解されている）。

　この他、所得税との関係では、通勤手当は一定額までは非課税だ（所得税
法9条1項5号、同法施行令20条の2）。

労働時間管理をどうするか

　東畑が、引き続き労働時間の管理について説明をはじめたところで、中上もリモートでの参加となりました。

「いま社長が参加されました。社長、これから労働時間の管理について説明をいたします」

「遅くなりました。東畑君、続けてください」

「はい。厚生労働省のガイドラインによると、テレワークの場合の労働時間の管理のあり方として、いくつかの方法が示されていました。これはテレワークだけに適用されるものではありません。以下に紹介する制度のいくつかは、わが社でも、過去、導入を検討したものもあるようですが、実際には導入されていません」

　東畑は、このように述べたうえで、フレックスタイム制（労基法32条の3）、事業場外労働のみなし労働時間制（同法38条の2）、裁量労働制（同法38条の3および38条の4）があるとし、それぞれの簡単な説明をはじめました。

　フレックスタイム制は、清算期間やその期間における総労働時間等を労使協定において定め、清算期間を平均し、1週あたりの労働時間が法定労働時間を超えない範囲内において、労働者が始業及び終業の時刻を決定し、生活と仕事との調和を図りながら効率的に働くことのできる制度です。すなわちフレックスタイム制を導入するためには、就業規則において、労働者に対して始業時刻と終業時刻の決定をゆだねていることが必要であり、さらに労使協定において、対象労働者の範囲、清算期間、清算期間における総労働時間、標準となる1日の労働時間等を定めることが必要となります。清算期間は3ヵ月以内であり、その間の総労働時間は、平均して1週40時間という法定労働時間の範囲に収まっていな

ければなりませんし、また１ヵ月を超える清算期間を設ける場合には、１ヵ月ごとの１週平均の労働時間が50時間以下であることも必要となります（労基法32条の３）。

　ただ、東畑は、テレワークでは、事業場外労働のみなし労働時間制（以下、事業場外労働のみなし制）を推奨したいと考えているようでした。この制度は、労働者が労働時間の全部または一部について事業場外で業務に従事した場合において、使用者の具体的な指揮監督が及ばず、労働時間を算定することが困難なときに適用されるものです（労基法38条の２）。そして、テレワークにおいて、使用者の具体的な指揮監督が及ばず、労働時間を算定することが困難であるという、この制度の適用要件を満たすためには、「情報通信機器が、使用者の指示により常時通信可能な状態におくこととされていないこと」と「随時使用者の具体的な指示に基づいて業務を行っていないこと」という２つの要件を満たす必要があるとされています。

　東畑は、この２つの要件がどれだけ厳格に判断されるかにもよるものの、ここさえクリアできれば、労働時間は就業規則で定める所定労働時間であるとみなすことができるし、もしかりに、業務を遂行するために、通常は所定労働時間を超えて労働することが必要となる場合でも、当該業務の遂行に通常必要とされる時間を労働したものとみなされ、その時間は、労使協定で定めることができるので、運用しやすいのではないかと考えて、その旨の説明をしました。

　最後に、「裁量労働制については、DX室の立ち上げのときにも検討したものであり、時間の関係もありますので、概要を示した文書ファイルを適宜ご確認ください。どちらにせよ裁量労働制は、適用できる職種が限定され、全社的に適用できるものではありません。2018年の働き方改革で導入された高度プロフェッショナル制度（労基法41条の２）も同じです（⇒本書第２話26頁以下）。したがって、今回の全社的なテレ

ワークへの対応については、これらは候補から外してよいかと思います。以上で私からの説明を終えたいと思います」と言い、一礼して席に戻りました。

事業場外労働のみなし制は適用できるか

　東畑の説明が終わったところで、磯谷部長が、「在宅勤務を導入するには、中抜け時間の取扱いを考えておく必要があります」と問題提起をしました。この「中抜け時間」という耳慣れない言葉に対して、中上社長がすぐに反応しました。

「『中抜け時間』というのは、勤務途中で仕事から抜ける時間ということなのかな」

　東畑は、配布したテレワーク・ガイドラインの該当箇所を画面上で示しながら、「はい。たとえば、先ほどのガイドラインでは、『在宅勤務等のテレワークに際しては、一定程度労働者が業務から離れる時間が生じやすいと考えられます（いわゆる中抜け時間）』と記載されています」と言ったうえで、使用者が業務の指示をしないこととし、労働者が労働から離れ、自由に利用することが保障されている場合には、①その開始と終了の時間を報告させる等により休憩時間として扱い、労働者のニーズに応じ始業時刻を繰り上げたり、終業時刻を繰り下げたりすること、あるいは、②休憩時間ではなく時間単位の年次有給休暇として取り扱うことが可能であるという、テレワーク・ガイドラインの内容を紹介しました。

　ただ、この最後の時間単位の年次有給休暇を認めるためには、過半数代表との労使協定が締結されていなければならないのです（労基法39条4項）が、豊夢商事では締結されていないため、実際には①が選択肢と

なるだろう、と東畑は説明しました。

　それを聞いていた美智香は、「始業時刻の繰り上げとか、終業時刻の繰り下げということであれば、フレックスタイム制がよいかもしれませんね。どうしても中抜けが困るということであれば、コアタイムを設けておけばよいでしょう」と発言しました。

　そのとき中上が突然、「いや驚いた」と発言したので、みんなのほうが驚いてしまいました。美智香は、自分の発言のどこに驚いたのだろうと怪訝な表情をしていましたが、中上は、「戸川君もリモートだし、私もリモートだけれど、普通のリアル会議でのやりとりと変わらないよね。タイムラグもほとんどないしね」と、中上は発言内容とはちがうところで驚いていたのです。「これくらいの議論ができるなら、オンライン会議でまったく問題ないな」と独り言のように言って、うんうんとうなずいていました。

　しばらく沈黙が続いた後、深池が、挙手機能を使って、発言の機会を求めました。磯谷から「深池さん、どうぞ」と言われた深池は、「先ほどの中抜けのことなのですが、やはり勤務時間中に私用を行うことなので、会社の事前の許可を得ておく必要はないでしょうか」と、おそるおそるという形で問いかけました。画面上なのではっきりしませんが、中上の話の流れを遮ったと思われないかが心配であったようです。

　東畑は、「テレワークの良さを社員目線で考えると、フレックスタイム制にして中抜けも可能とするというのは有り難いことだとは思います。小さな子や年老いた親の面倒をみなければならないような人にとっては助かることがあるでしょう。ただ、会社としては少し緩すぎるかなという気持ちもあって、それでフレックスではなく、事業場外労働のみなし制でどうかという提案をさせてもらったのです」と、質問を予想していたかのように答えました。中上は、その言葉を聞いて、画面上でうんうんとうなずいていました。

美智香は、深く考えるときの癖である、視線を左上にする仕草をした後、「東畑さんは、テレワーク中でも、ある程度、きちんと仕事を監視しなければダメで、中抜けを自由に認めるわけにはいかないと考えているのですね」と言いました。

「はい、これは磯谷部長のお考えでもあります」

「フレックスでも、もちろん中抜けする場合には、上司に申告しなければならないですよね」

「はい、そうなるとは思いますが、いつ中抜けするかが、フレックスだと本人まかせになってしまうのではないかと思います」

「先ほど事業場外労働のみなし制でいけば、労働時間管理の運用がしやすいというようなことを言っていましたね。監視もしやすくなるということでしょうか」

「はい、磯谷部長とも話し合って、そうではないかという結論になりました」

「ただ、監視をきっちりやろうとすればするほど、この事業場外労働のみなし制の適用は難しくなりませんか」

「えっ、それはどういうことですか」

「先ほどの説明にもあったように、この制度の前提には、法律の文言を使うと『労働時間を算定し難いとき』という状況がなければなりません。監視をしっかりすると、労働時間は算定しやすくなると思われるので、この場合にあてはまらなくなるような気がします。ちなみに、判例では、海外ツアーの添乗員の場合でも、日報の提出などによって勤務状況を具体的に把握できた場合には、『労働時間を算定し難いとき』にはあたらないとしています[※3]」

磯谷は、「常時、監視をするかどうかはともかく、どうあっても、ある程度の監視はしなければならないでしょうね」と述べると、深池もうなずきながら「ウェブ会議なども部署によっては頻繁にやらざるを得な

いでしょうし、Slackなどで上司や同僚とのコミュニケーションを密にとることは必要で、そのときにあまりにレスポンスが遅ければ、何をしていたんだということになるでしょう。これも監視といえば監視ですね」と言いました。

それを受けて、美智香は「そうなると、労働時間を算定しがたいときには、ますますあたらないことになりそうですね」と言ったので、磯谷も東畑も、意表をつかれた表情になりました。そして美智香は、ダメ押しのように、「それにこの制度を導入したとしても、今回の働き方改革により、労働時間の状況の把握[※4]はしなければならず、労働時間の管理がそれほど簡単になるわけではないのです。そして、こうしたことをやることによって、労働時間を算定しがたい状況とは言えなくなり、結果として、制度の導入の要件はいっそう充足しにくくなるのだと思います」と力強く述べました。

その勢いにおされた磯谷は無言で考え込んだ状況になり、東畑は小声で「フレックスの導入を検討します」と答えるのが精一杯でした。

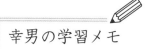

幸男の学習メモ

フレックスタイム制の場合は、労使協定において、「労働者が労働しなければならない時間帯を定める場合には、その時間帯の開始及び終了の時刻」、「労働者がその選択により労働することができる時間帯に制限を設ける場合には、その時間帯の開始及び終了の時刻」を記載しなければならない（労基法施行規則12条の3第1項2号および3号）。前者の時間帯は「コアタイム」、後者の時間帯は「フレキシブルタイム」と呼ばれている。どちらの時間帯も、会社がそれを設けるかどうかは自由だ。コアタイムのないフレックスタイム制を「完全フレックスタイム制」や「フルフレックスタイム制」と呼ぶこと

がある。社員からすれば、中抜けは、コアタイムのないフレックスタイム制であれば自由にできることになる。コアタイムがあれば、それ以外の時間帯てしか中抜けはできなくなる。

勤怠の管理はどうする？

そんなとき中上は、「各部署で適切な制度を入れたらどうだろうか。裁量労働制だって、部署や業種によっては導入できるかもしれないしね」と言いました。

美智香は、「さすがに社長です。発想が柔軟です。ただ、労働時間制度をいろいろにすると、管理が大変になりませんか」と言うと、磯谷は、この助け船に乗る感じで、「私も、できれば統一的なものにしていただければ助かるのですが」と言いました。

中上は、「大事なのは、各社員にとって最も適切な労働時間制度を用意することだろう。だから、管理の効率性という点は、私は二の次だと思う」と、正論を吐きます。

そこで、ふたたび深池が手を挙げて、発言を求めました。「今回、人事部から、勤怠管理ツールのことを相談されたので、私が以前にいた職場の経験をお話しする準備でおりました。いま出たお話との関係で、少し話題提供をさせていただければと思います。前の職場では、IT系ということもあって、テレワークかどうかに関係なく、勤務の管理はクラウド上で行われていました。労働時間の管理も、部署ごとにできるソフトになっていて、ソフトがやるので人事管理の効率性という点では心配することはありませんでした。種々の休暇の申請、残業の管理、シフトの管理などもクラウド上でやっていました。各社員は自分の勤務

状況を、上司だけでなく、自分でも管理することができました。失礼ながら、この会社に来て、あまりにもアナログ的な手法がとられていたのには驚きました。せっかくDX室で採用していただけたので、私としては、この面で何かお手伝いができないかと考えておりました。今回の全社的なテレワークの導入を機会に、クラウドによる勤怠管理サービスを導入したらどうかと思っています。そうすれば、人事や経理の仕事をはじめ、多くの業務の軽減につながると思います」

　中上は、「それはよいアイデアだね。磯谷君、深池君と協力して、どの業者のシステムがよいか比較して、できるだけ早く導入の道筋をつけてください」と、即決しました。

　深池は、「もう1つ、磯谷部長から依頼されたのが、監視についてです。上記のクラウドは、労働時間管理だけでなく、勤務時間が一定の範囲を超えればアラートを発する機能も設けられていました。これにより働きすぎのチェックができます。在宅勤務においては、いっそうこうしたことは必要だと思います。これとは別に、部下がきちんと働いているかどうかをチェックするために、パソコン上のカメラを常時オンにしておくというようなことが考えられます。録画することにより、いつでも後から社員の働きぶりをチェックすることもできます。ただ、これは私も経験したことがありませんし、あまりよいこととは思えませんので、DX室からは推奨しないことにしたいと思っています」と一気に話しました。

　中上は、最後の点については、「カメラを常時オンにするというのは、いわば上司の目の前で働いているにすぎないのだから、とくに問題はなさそうだがね」と述べました。磯谷はうなずいていましたが、美智香は、「私も、深池さんと同様、このやり方は推奨できないと思います。上司が現実の空間で目の前にいるときは、実際には監視をしていないこともあり、監視の密度が薄いのに比べて、ウェブ上では、常時機械に監視さ

れている状況が続くわけで、それだけストレスを感じることになるでしょう。録画されているとなると、なおさらです。それにプライバシーの侵害という問題も出てくる危険性があります」と、中上の考え方に疑問を提起しました。

「たしかに、そうも言えるかな。プライバシー侵害だと言われると、会社もちょっと困るな。それにテレワークには、自宅でも仕事を継続してもらうということだけでなく、どうせなら社員たちが自宅で働くことにより、いっそう生産性を高めてもらうというねらいもあるので、ストレスがたまって生産性が下がってしまうと意味がないよな」

中上は、考えの切り替えも早いです。とくに美智香の言葉には、素直です。

深池も、「私もそう思います。日常の業務において、連絡を密にすることは必要ですし、1日1回は上司が部下の進捗状況をチェックするというような、監視という以外の方法を充実させていくことを考えていったほうがよいのではないでしょうか」と言うと、美智香は、「磯谷部長も、たとえばGoogleスプレッドシートを使って、毎日、東畑さんのタスク管理をするといったこともできるでしょう。できるだけプロセスではなく、何をやったかという結果でチェックしていくということです。これを評価に結びつけて、最終的には賃金にも反映させるといったことにもなるかもしれません」と話をどんどん進めていきます。

磯谷部長は、「ちょっと待ってください。評価はまた別のことですので。とりあえず、カメラを常時オンとすることは、止めることにしたいと思います」と述べたので、美智香は「すみません。話を進めすぎたかもしれませんが、ただ世間では、テレワークの広がりによって、たんに勤務場所が在宅になるというだけでなく、働き方や人事のあり方が根本的に変わるかもしれないと言われているので、少しその議論を取り入れてしまいました」と、一応謝りましたが、本気で謝っている感じではあ

りません。

　中上は、「いや戸川君の言うように、どうせならこれを機会に、評価のあり方まで考え直すことも検討しなければならないかもね。これは、少し時間がかかるかもしれないけれど、早急に取り組むべき課題だな」と、ここでも改革に前向きです。

　ここで東畑は、「みなさんテレハラってご存じですか」と唐突に発言しました。どうも先ほどから口をはさむタイミングを探っていたようです。誰からも返事がなかったので、東畑は発言を続けました。「テレワークハラスメントの略称、つまりテレワークにともなうハラスメントで、これにもいろいろなものがあります。在宅勤務をしている女性社員に対して、部屋の様子を映すように強要するセクハラ的なものもありますし、過剰に業務報告を求めるのも、場合によってはパワハラになり得ると思います。テレワークの際に起こり得るハラスメントについては、事前に調べて注意をするよう喚起することは必要ではないでしょうか」

　しばらくの沈黙の後、中上社長は、「わが社にはそんなハラスメント行為をする社員などいないと信じたいけれど、どうしても新しい働き方をはじめると、会社のためにと思い力を入れたことがパワハラになったりすることがないとも言えないからね。東畑君が言うように、きちんとルールを決めて、社員に周知させることが必要だろうね」と言いました。若手社員の意見にも耳を傾けるところが、中上の大きな長所です。

幸男の学習メモ

　ハラスメントについては、労働法上は、職場のセクシュアルハラスメント（セクハラ）、マタニティハラスメント（マタハラ）、育児介護ハラスメント、

パワーハラスメント（パワハラ）が、法的な規律の対象だ。パワハラは、2020年施行の労働施策総合推進法で新たに定められたものだ。その際に、4種類のハラスメントについての規律の内容が統一され、いずれについても、事業主に対して、「就業関係が害されることのないよう、当該労働者からの相談に応じ、適切に対応するために必要な体制の整備その他の雇用管理上必要な措置を講じなければならない」とする措置義務を課し、こうした相談を行ったことや相談への対応に協力した際に事実を述べたことを理由とした解雇その他不利益な取扱いをしてはならないと定めている（男女雇用機会均等法11条、同法11条の3、育介法25条、労働施策総合推進法30条の2）。

　パワハラは、法律上は、「職場において行われる優越的な関係を背景とした言動であって、業務上必要かつ相当な範囲を超えたもの」（労働施策総合推進法30条の2）と定義されている。「事業主が職場における優越的な関係を背景とした言動に起因する問題に関して雇用管理上講ずべき措置等についての指針」（パワハラ指針）によると、パワハラとされる行為は、具体的には、①身体的な攻撃（暴行・傷害）、②精神的な攻撃（脅迫・名誉棄損・侮辱・ひどい暴言）、③人間関係からの切り離し（隔離・仲間外し・無視）、④過大な要求（業務上明らかに不要なことや遂行不可能なことの強制・仕事の妨害）、⑤過小な要求（業務上の合理性なく能力や経験とかけ離れた程度の低い仕事を命じることや仕事を与えないこと）、⑥個の侵害（私的なことに過度に立ち入ること）がある（⇒パワハラについては前書第4話98頁以下も参照）。テレワークであると、①の類型のパワハラはなくなることになる。もっとも②～⑥の類型では、テレワーク特有の新たな形のパワハラが現れてくる可能性はある。

長時間労働への懸念

　美智香は「会社としては、テレワークにより生産性が下がらないかと

いうことが気になるので、どうしても監視とか評価のあり方とか、そういう話になるのですが、むしろ監視が弱まると、働きすぎにならないかも心配です。政府もテレワークについては、そのことのほうを心配をしているようです」と言うと、東畑は、よくぞ言ってくれましたという表情となり、「その点は、私のほうから補足させていただきます。今日のメインではないと思い、説明には入れませんでしたが、準備はしておりました」と言い、ふたたび、テレワーク・ガイドラインの該当ページをスクリーンに映し出しました。

　テレワーク・ガイドラインをみると、そこでは、「テレワークについては、業務の効率化に伴い、時間外労働の削減につながるというメリットが期待される一方で、労働者が使用者と離れた場所で勤務をするため相対的に使用者の管理の程度が弱くなるおそれがあること等から、長時間労働を招くおそれがあることも指摘されています」としたうえで、具体的な対策として、①メール送付の抑制、②システムへのアクセス制限、③テレワークを行う際の時間外・休日・深夜労働の原則禁止等、④長時間労働等を行う労働者への注意喚起という手法が例示されていました。

　「①については、役職者等から時間外、休日または深夜におけるメールを送付することの自粛を命ずること等が有効とされています。社員には、こうした時間帯の会社からのメールはみなくてもよいと社長から通知を出すということも考えられると思います」

　「これは、いわゆる『つながらない権利』の話にも通じますね」と美智香が補足します。中上は、「そんな権利があるのか」と驚いて言うと、「フランスやイタリアでは法律がありますが、権利というよりも、テレワークをする際には、労使の合意によりつながらない時間帯を保障しなければならないというくらいの意味のようです」と美智香は答えました。東畑は説明を続けます。

　「いまの話にも関係しますが、②については、深夜・休日は会社のシス

テムにアクセスできないよう設定することも有効とされています」

　深池は、「これは前の会社でも、そのようにしていました。セキュリティの観点からも必要なことです」と言うと、中上は「わかった」と言い、「それでは、さっそく、対策をするようにします」と深池は答えました。社長が立ち会うと、話が次々と決まっていきます。ただ磯谷部長だけは、社長と深池との間で話が進んでいくことに、面白くなさそうではあります。東畑はさらに説明を続けます。

　「③については難しいような気がしますので(※5)、個人的にはお薦めできません。磯谷部長はいかがですか」

　「そうですね。私も在宅勤務だからといって、時間外労働などを原則禁止とするのは、やりすぎのような気がします」

　中上は、「気持ちはわからないではないが、少なくとも管理職には、テレワークをしている部下に対して、時間外、休日、深夜の労働はできるだけ命じないように注意を促すくらいのことはしたほうがよいだろうね」と言うと、美智香は画面上で相づちをうちました。それを確認した東畑は、「④については、ガイドラインでは、管理者が労働時間の記録を踏まえて行う方法や、労務管理のシステムを活用して対象者に自動で警告を表示するような方法があるとされていますが、先ほど話題になった勤怠管理のシステムを使って、長時間労働にアラートを出すといったことが考えられると思います」と言いました。

　中上は、「長時間労働対策は、わが社ではこれまでもやってきたつもりだが、東畑君が言うように、きちんと最新技術を使ってチェックをしたほうがよいだろうね。深池君も、そういうことでよいよね」と言いましたので、話をむけられた深池は、「デジタル技術の活用の仕方は、いろいろありうるのですが、まずはいまのような話でよいと思います」と答えました。

　「それと今日は、ほんとうは情報漏えいのことについてもお話があるか

と思っていたのですが、もう時間が来たようなので、詳細は改めて行いたいと思います。ポイントは、自宅であっても、機密情報の扱いには気をつけることです。家族から漏えいする危険性もありますし。その他のセキュリティ関係は、総務省の『テレワークセキュリティガイドライン』に記載されているチェックポイントを、しっかり確認していくことが必要と考えています。この点については、社内で講習会を開くことを社長にご提案したいと思っています」

　中上は、「よろしく頼むよ」と言って、会議は終了しました。

ハイブリッド型飲み会

　会議の終了後、美智香の提案で、飲み会を開くことになりました。オンラインとリアルがあわさった「ハイブリッド」型の飲み会です。豊夢商事には応接室があり、そこはお客が来れば、いつも会社で扱っている日本酒やその他のアルコールを飲むことができました。今日は、いつも「アムール」で一緒だった東畑だけでなく、深池も合流しました。さらに珍しいことに磯谷も一緒でした。磯谷は、どことなく不機嫌ではあります。東畑はノートパソコンをもち込んで、美智香はオンラインでの参加です。

　美智香は、事務所に常備している飲みかけのボトルで、さっそく、赤ワインを注いでいました。それを画面越しにみた東畑は、「戸川さんは、事務所にもワインをおいているのですか」とたずねました。
「そうよ。仕事が長引いたときなどは、終わった後に職場で飲んでいるのよ。だからワインセラーをおいているの。今日はシチリアのエトナ・ロッソよ。みなさんは日本酒ですか」
「部長は下戸なので、ウーロン茶ですが、深池さんと私は、深池さんの

出身の兵庫のお酒の福寿で乾杯しますね。福寿は、iPS細胞の山中伸弥先生のノーベル賞の行事のなかでも提供されたお酒として有名ですね。それでは磯谷部長に、ご発声をお願いいたします」

　磯谷は、あまり乗り気ではなかったようですが、「それでは、私はノンアルコールで申し訳ありませんが。今日はみなさんお疲れさまです。これからも、まだやるべき作業はたくさんありますが、今日の打ち合わせがまずは無事終わったことを祝して、乾杯」と発声したため、「みなさんご唱和ください」というような言葉がなかったために、みんなあわてて「乾杯」と言いながらグラスをもち上げました。美智香も画面の向こうで乾杯の仕草をしました。

　東畑は、「仕事の続きとなって申し訳ないのですが」と言うと、磯谷と深池はぎくっとした感じで、彼のほうを向きました。「あまりに素朴な質問だったので、会議の場では気が引けてしなかったのですが、そもそも在宅勤務というのは、会社がやると決めれば、社員に命じることができるようなものなのでしょうかね」

　すかさず、美智香がこれに答えました。社長も驚いたように、通信状況はとても良く、これなら実際に一緒にいるのと変わらない感じでした。「よい質問ですね。在宅勤務命令は、一種の配転のようなものかもしれませんが、コロナ禍の場合は、少し難しい表現で言うと、会社が本来もっている労務指揮の権限を行使しているにすぎないということかもしれません」

　磯谷も、この問題については、事前に少し考えていたようでした。「社長の方針でいえば、会社は出社を禁止するということになりそうなので、もしそれに従わずに出勤する社員がいれば、会社の命令に反したことになりますよね。どこで働くかも、仕事をするうえでの重要な要素なので、本人が勝手に決めてはならないと思うのです。会社の指示に従わずに働いても、それは働いたことにならないでしょう」

104

美智香も、「そう思います」と言うと、ようやく磯谷は嬉しそうな顔をしました。美智香は、「ただ特定の社員にだけ在宅勤務を命じて、でもその社員は在宅勤務をしたくなかったというような場合には、なぜ在宅勤務をさせることになるのかについての説明は必要となるかもしれませんね」とつけ加えることは忘れませんでした。

　磯谷は、「わが社の就業規則（⇒本書第3話57頁以下）の配転に関する規定に基づき、業務上の必要がある勤務場所の変更であるということで、在宅勤務を命じることができると思いますが。在宅勤務手当も支払うので、不利益はないと思いますし」と言うと、美智香は「そのとおりかもしれません。ただ配転一般に言えることですが、就業規則に規定があるからというだけで命じていれば、社員によっては反発するかもしれないので、とくに一部の社員にだけ在宅勤務をさせる場合には、なぜそうするかについて、上司がしっかり説明して本人に納得してもらったほうがいいと思います」と返事しました。磯谷は、自分の見解がとくに否定されたわけではないと感じて、ほっとしたようでした。社長から、意見を否定され続けていたので、少しでも自分の意見を受け入れる言葉を聞けることに、安堵感を覚えていたのでしょう。美智香は、決して、磯谷の意見を支持しているわけではないのですが。

　話が一段落したところで、機嫌を少し直した磯谷は、「そうそう、東畑君。今日はよい仕事をしてくれたけれど、もう少し場の雰囲気をみて話をしなければならないよ。いまだって、いきなり仕事の話をはじめたし」と言うと、東畑は「どういうことでしょうか」と言って、少しまた不穏な雰囲気が出てきたのですが、そこで、これまで早いピッチで福寿を飲んでいた深池が、何杯目かのグラスをぐいっと飲み干した後、くだけた口調で、「私は、この会社に転職してよかったと思っているんですよ。いままでにいた会社は、昭和的な働き方をするヤツばかりいた会社だったので、自宅で仕事をするなんてとんでもないという感じでね。前

にSARSや新型インフルエンザが流行ったことがあったでしょう。僕は怖がりだから、感染リスクを理由に出社したくないということを言ったのですが、周りはみんな、なんて軟弱なことを言うヤツだという表情で僕をみていましたね。会社も、社員の健康診断なんかには力を入れていましたが、感染症のようなもののリスクには無頓着でね。私は呼吸器が弱いので、ヒヤヒヤしながら通勤していたんですよ」と酔った勢いもあり、饒舌になっていました。

　しらふの磯谷は、「いやうちの会社も、政府が言ってくれなかったら、どうであったかわかりませんよ。ただテレワークは、社長お気に入りのDXとも相性がよいから、社長も積極的なのでしょうね」と、少し皮肉をこめて言うと、深池はそのニュアンスには気づかず「そうですよね。だからこそ、私もここに転職できたのだし。磯谷部長のおかげですよ」と言うと、磯谷は黙っていましたが、まんざらでもなさそうです。深池も彼なりに磯谷に気を遣っていたのでしょう。

　美智香は、「やや理屈っぽいことを言うと、会社には社員の安全を守る義務があるわけですから、感染リスクがあるなかで出勤を命じるのには、問題があると思いますよね」と言うと、東畑はすかさず「それは、労契法5条の安全配慮義務のことですね」と返します。

「正社員だけに在宅勤務を命じて、臨時社員には出社を命じるなんてことをすれば、いっそう問題となりますね」と美智香が言うと、東畑は「それは短時間・有期雇用労働法8条の禁止する不合理な格差になるかもしれませんね」と言いました。

「冴えてるわね。勉強の成果ね。では今回も、久しぶりに宿題を出しておこうかな」

「戸川さんは、お酒を飲んでいるときには、宿題を出したがる癖がありますね。宿題ハラスメントです」

「そういえば、今日のテレハラの話はよかったわ。私も聞いたことが

106

なかった言葉だったけど、これまでにあったハラスメントが、テレワークになることによって、新たな形となって現れることになるかもしれないってことよね。ちなみに私は君の上司ではないので、少なくとも労働法でいうハラスメントには該当しないわよ」

「だからといって……」ともじもじしている東畑は、美智香は、「ここは、きちんと反論してくれなきゃダメよ。ハラスメントは労働法上はそもそも事業主の雇用管理上の責任を課しているだけで、労働法だけじゃなく、民法上の不法行為にあたることもあるのよ。だから加害者が上司や会社ではなくても、損害賠償の請求ができないことはないの。これくらいのことを言って、私に反論しなけりゃダメよ」と、ツッコんできます。

「これはリーガルハラスメントですよ」

「ちがうわよ。君のことを思って、心を鬼にして厳しい指導をしているのよ」

　このやりとりを聞いていた深池は、ぽつりと「君のためだよ、と言いながら、部下のメンタルに配慮せずに、次々と遠慮のないことをいう人がいるんだよね」と深刻な表情で述べたので、冗談半分のやりとりをしていたつもりの東畑と美智香は、酔いが一気にさめたような気分でした。

　美智香は、場をとりなして、「そうですね。上司は部下の受け取り方にも注意しなければ、ハラスメントとして問題となることがあるから気をつけなければなりませんよね。私は東畑君の上司ではないけど、注意することにします」と言い、東畑は明るく「お願いしまーす」と言って、この日はお開きとなりました。

（※1）　2021年3月に、ガイドラインは、「テレワークの適切な導入及び実施の推進の
　　　　ためのガイドライン」に改定され、内容も若干の修正がなされている。

（※2）　就業規則の不利益変更については、前書第6話170頁以下も参照。

（※3）　阪急トラベルサポート事件・最2小判平成26年1月24日労判1088号5頁

（※4）　労働時間の状況の把握とは、労働安全衛生法において、長時間労働で疲労が
　　　　蓄積している労働者に対して、医師の行う面接指導（同法66条の8第1項また
　　　　は66条の8の2第1項）を実施するために行うものであり、具体的な把握方法
　　　　は、労働安全衛生規則により、「タイムカードによる記録、パーソナルコン
　　　　ピュータ等の電子計算機の使用時間の記録等の客観的な方法その他の適切な
　　　　方法とする」とされている（同規則52条の7の3第1項）。

（※5）　前述の2021年に改定されたテレワーク・ガイドラインでは、時間外労働など
　　　　の時間帯や時間数を事前に設定するという対策の提案に変わっている。

第5話

働き方のニューノーマル
―2020年7月　ウィズコロナ　フェーズ2―

テレワークの影響

　2020年5月の連休明けに、豊夢商事では、全社的にテレワークを導入しました。社員は、経理部を除き、全員が在宅勤務となりました。経理部は押印しなければならない書類があるため、交代で出勤となりました。

　その1ヵ月後、人事部は、社員の在宅勤務に対する評価を調査をすることにしました。その結果として、はっきり出てきたのが、「無駄な会議がなくなった」、「ワーク・ライフ・バランスの向上につながった」というプラスの面と、「社内コミュニケーションがやりにくくなった」や管理職層からの「部下の日々の成果や業務の進捗状況の把握が困難になった」というマイナスの面でした。

　磯谷部長は、電子メールで、この結果を中上社長に報告したところ、さっそく、翌日に、中上の指示で、磯谷と調査結果をとりまとめた東畑が参加するオンライン会議が開催されました。

　「それでははじめるよ。まず、今回の調査結果だが、無駄な会議がなくなった、というのは、少しショックだね。これまでそんなに無駄な会議をやっていたのかな。部長はどう思う」

　「たしかに、会議をやたらとやりたがる管理職もいるので、部下の社員からみると、無駄なものが多いと思われていたのかもしれません。東畑君はどう思っているかわかりませんが」

　「私は、部下には無駄なように思えても、実は無駄でなかったということもあると思います。ただ、今日のような会議とは異なり、目的があまり明確でない会議や終了時間が決まっていない会議は、どうしてもダラダラとしたものになりがちのように思います。そうなると部下には、フラストレーションがたまるかもしれませんね」

「人事部の会議もそうなのかな、東畑君。部長の前では答えにくいかも
しれないが」

「いや、人事部の会議は長いときもありますが、それは必要だからで、
私は何も不満はありません。それよりも、テレワーク後は、無駄な会議
が減ったという結果も出ているのですが、自由記述欄で、会議の時間設
定に対する不満が出されていたことが気になっていました」

「それは、どういうことだね」

「それは、私のほうからお答えします」と磯谷が言いました。

「戸川さんの提案で、全社的にフレックスタイム制を導入しましたが、
１つ条件をつけて、会議の時間は前日までに設定できることとしたので
す。戸川さんはコアタイムを導入しなければ、会議への出席は強制でき
ないと言っていましたので、最終的には、完全フレックスにして、ただ
どうしても会議に出席できない場合には、それを認めることにしました。
ただ、会議の数は減ったようですが、朝一番や夕方などに時間が指定さ
れて、実際には会議をなかなか休めない社員から、これでは始業時刻や
終業時刻を自分で指定できるといっても意味がなくなる、という不満が
出ました。おそらく朝は子どもを保育園や幼稚園に送る時間と重なり、
夕方は夕食の準備や子どもが学校から帰ってくる時間と重なり、そうい
うのを嫌がった人からの不満だと思います」

「フレックスをやる以上、会議の時間帯は、社員の都合を聞いたうえで
設定するようにしたほうがよいな。そのような指示を出してもらえるか
な」

「そうですね。それと、会議が全般的に減ったので、逆に必要な会議の
調整をしやすくなったというメリットもあります。本日の会議も、昨日
開催が決まったのに、すぐ実施できましたから」

「それはそうだ。オンラインだと、会議室をおさえる必要がないしな」

「先ほどの社長のおっしゃる指示には、上司らに対してだけでなく、社

員全体に、できるだけ会議の時間調整に協力するようにということも通知しておきませんか」

「いや、それはいいだろう。テレワークにしたんだから、そこは社員の自覚にまかせよう。ところで、業務の進捗状況の把握が困難というのは、予想はできたが、工夫はできていないのかな」

「毎日、社員は直属の上司に対して、その日の業務内容についてGoogleスプレッドシートで報告することになっていて、その様式も作成しています。ただ、おそらくそうした報告だけでは、実際にどのように仕事が進められているかはっきりしないということではないでしょうか」

「ちなみに、磯谷部長は、東畑君の業務の進捗状況をきちんと把握しているのかな」

「それは……。私は東畑君を信頼していますから。そういえば、評価制度の見直しについては、まだ報告を受けていなかったね」

　東畑は思わぬ方向に議論が進んで、困った顔をして黙っていました。

「部下が新人であったり、新たに配置換えがあったような場合には、なかなか信頼して仕事をまかせることができないから、仕事ぶりをもっときちんと監視したいと思うんだろうね。磯谷部長も最初は、東畑君に対して、そう思っていただろう」

「そうではありますが、そこはコミュニケーションをもっとうまくとってもらうしかないと思っています。ただ、これは実際に各部署でどのようにコミュニケーションをとっているか報告してもらい、よい事例があれば、それを参考にするというような研修をできればと思っています」

「コミュニケーションというのは、要するに、価値観と情報を共通することだと、先日読んだ本には書いてあった。対面型のほうが、言語化されていない情報を伝えられるかもしれないけれど、仕事で必要なのは、できるだけ言語化された明確な情報なんだ。そうした言語化された情報

のやりとりだったら、オンライン上でも可能なんだよ」

「社長は、よく勉強されているのですね」

「そうさ。私も在宅の時間が増えたので、できるだけ勉強に充てようと思っているんだ。次のビデオメッセージでも、社員たちに1週に少なくとも1冊は新しい本を読むように、という訓示をするつもりだよ。ところで、東畑君、先ほど部長がいっていた評価制度の見直しの件はどういう状況かね」

ジョブ型

「はい。少し前の会議で、プロセスではなく、成果によって評価をするという提案を戸川さんがされたことをきっかけに、社長からも評価制度の見直しのご指示があったところですが、まだ原案がつくれず苦労しています。これは会社の人事の方針にも関わることなので、やはり社長の意向をもう少し詳しくお聞きしたほうがよいのではないかと、部長にも相談しようと思っていたところです」

「評価制度と関わるかどうかわからないけれど、ジョブ型というのを入れてみたらどうだろうか」と、中上は、いつものように唐突な提案をしてきました。

「ジョブ型……ですか」と磯谷は、驚いたように問い返しました。中上は、日本経済団体連合会（経団連）の「2020年版 経営労働政策特別委員会報告」を読んだようです。そこには、次のような記述がありました。

「戦後から長きにわたってわが国企業の発展を支えている『日本型雇用システム』は、①学校を新たに卒業した学生等の一括採用、②定年までの長期・終身雇用を前提に、企業に所属するメンバー（社員）として採用した後、職務を限定せず社内で様々な仕事を担当させながら成長を促す人材育

成プロセス、③勤続年数や職務経験を重ねるに伴って職務遂行能力（職能）も向上するとの前提で毎年昇給する年功型賃金などを主な特徴としている。こうした雇用システムは『メンバーシップ型』と称される。特定のポストに空きが生じた際に、その職務（ジョブ）・役割を遂行できる能力や資格のある人材を社外からの獲得あるいは社内での公募により対応する欧米型の『ジョブ型』と対比される」（11頁）。

「Society 5.0社会[※1]の実現に向けて、企業は組織風土改革を進め、働き手一人ひとりの個性を尊重し能力を重視する方向へと大きく舵を切る必要がある。そのために、企業は多様な人材がイノベーティブに働き、持てる能力を最大限発揮できる職場環境を整備し、その成果を適正に処遇へ反映する仕組みをつくり、社員はそれに呼応・適応していくことが求められる。こうしたことが、働き手のエンゲージメント向上をもたらし、企業の活力と競争力のさらなる強化にもつながる。

　各企業においては、自社の経営戦略にとって最適な『メンバーシップ型』と『ジョブ型』の雇用区分の組み合わせを検討することが基本となる。あわせて、企業のニーズと社員の能力・希望を踏まえ、メンバーシップ型とジョブ型の雇用区分を相互転換できる仕組みの導入も検討に値しよう。エンゲージメントを高める観点からは、自律的なキャリア形成に努める社員に対して、本人が希望する仕事を対象に、ジョブ型への転換を積極的に認めていくことも選択肢となる」（16〜17頁）。

　ただし、「ここでいう『ジョブ型』は、当該業務等の遂行に必要な知識や能力を有する社員を配置・異動して活躍してもらう専門業務型・プロフェッショナル型に近い雇用区分をイメージしている。『欧米型』のように、特定の仕事・業務やポストが不要となった場合に雇用自体がなくなるものではない」（13頁注21）。

　中上は、黄色のラインマーカーで強調していた上記の部分を読み上げたうえで、「こういうジョブ型だったら、うちも導入できると思うんだ」と言いました。

　磯谷は、「はい。ただ、これは大きな方針を示したという感じですよ

114

ね。具体的に、評価システムは、どのようにすればよろしいのでしょうか」と、おそるおそるたずねたところ、「それを考えるのが、君たちの仕事だろ」と中上は突き放しました。そして、「君たちには強い味方がいるだろう」と、つけ加えました。

　ということで、1週間後に、磯谷、東畑と美智香の3人が参加するオンライン会議が開催されました。

　まず磯谷が「社長がジョブ型と言い出されているのですが、評価システムとどう関係するのか、よくわからないので、困っているのです」と、切り出しました。これが、今回の会議のテーマでした。

　美智香は、「ジョブ型は、経団連の報告書でも示されていたとおり、日本型雇用システムと対比した欧米型の雇用システムを特徴としたものですが、ここで社長がやりたいと思っておられるのは、社員の専門性を高めようということで、そのためには職務をもっと特定して、その職務でのプロフェッショナルになってもらおうということではないかと思います」と、社長の意図を推測しました。

「プロフェッショナルといっても、どの程度のものを指すかはわかりませんが、いまでも社員1人ひとりはやっている仕事の専門性を高めてもらっているはずで、その意味ではいま戸川さんが言われたようなことは実現していると思うのですが」

「たしかに、部長がおっしゃるとおりなのですが、人事が考えるべきなのは、いまの点を労働条件にも反映することだと思います」

「というと……」

「外国ではあたりまえなのですが、本人の行う職務の内容を明確にするということです」

「いまでも、ある程度は明確ではありませんか」

「必要なのは、労働契約上も、社員が行う職務を特定のものに限定する

ことです。非常に厳密に言うと、特定されていない職務以外のことは『私の仕事ではない』といって断ることができるようにするということです」

　この美智香の発言を聞いた東畑は、やや嬉しそうに「アメリカの映画で、上司が秘書に対して、何か用事を命じたときに、それは私の仕事ではないと言って断ったシーンをみて驚いたことを思い出しました。別に私用を頼んだわけでもないのに」と口をはさみました。

「たしかに欧米のジョブ型というのは、そういうものですよね。でも、それがよいシステムとは思えないが」

「私もそう思います。結局、人事の仕事は、いかにして社員の利益に配慮しながら、企業への貢献度を最大限に高めることができるかです。そこには、社員のメンタリティも大きく関わってくるのであり、国民性も表れます。1人ひとりの職務を明確に特定して、その枠内で貢献してもらうほうがよいのか、1人ひとりの職務の内容はやや曖昧にしておいて、それでチームプレイを通して集団の力で企業に貢献していくほうがよいのか。前者がジョブ型ですが、日本は後者のやり方でうまくやってきたのです」

「そうか。それじゃ、社長には、ジョブ型は止めようと進言したほうがよいかな」

「まだ、話は終わっていませんよ、部長」と美智香が言うと、磯谷はバツが悪そうな表情になりました。

「これまでは日本型でもよかったのでしょうが、やはりこのやり方は限界が来ています。チームプレイはうまくいけばよいのですが、たとえば職務の範囲がはっきりしていないことから、仕事がいつまで経っても終わりにならず、それが残業の原因になっているということがあります。また豊夢商事の基本給は職能給であり、職能資格に基づいて支払われるものですが、各資格の定義は抽象的なので、結局、勤続年数に応じて上

昇する運用になっていますよね。私も前に社員であったからよくわかっています。このような賃金制度は、個人がもっと力を発揮しようという意欲をそいでしまっている可能性があるのです」

「では、戸川さんは、職能給をやめるべきだと考えているのでしょうか」

「そこまでは言いませんが、テレワークも導入されたことだし、本人のやるべき仕事の明確化は最低限必要でしょう。まずは全社員のジョブディスクリプションをつくってみてはどうでしょうか」

「ジョブディスクリプション？」

「ジョブをディスクリプション、つまり定義するということで、要するに、本人の行う職務内容を明確に文書化するのです。職務給なら、その職務が決まると、それに対応する賃金も決まるのですが、いきなり職務給とするのは難しいかもしれないので」

「すると、評価はどうなるのでしょうか」

「評価は、結局、会社として、社員にどのような役割を求めるのか、というところを重視していくことが考えられます。役割の内容に応じて格づけをして、それを給料に対応させるのです。役割給と呼ばれるものです。役割給と職務給は区別されるべきものですが、社員が与えられた職務を通して、どのような役割を果たすべきかという視点でみていけば、両者は関係するところもあります。いずれにせよ、ここでは勤続年数から切り離した運用をしていくというのが、ポイントとなります」

「まだピンとこないのですが」

「具体的にどのように制度設計をするかによって内容が変わってくるので、いまの段階では抽象的な提案にならざるを得ません。とりあえずはじめたらよいと思うのは、個々の部署で、社員1人ひとりがどのような職務に従事しているかを明確にし、それが会社にとってどのような役割を果たすものであるのかを明らかにし、その役割に応じた等級をつくって、賃金体系を決めていくことではないかと思います」

「そういうことであれば、それほどドラスティックな変化にはならないかな」

「いや、そうでもありません。役割という言い方をしていますが、要するに、やっている仕事に着目して評価していくということなので、本人の能力に着目する建前となっている職能給とは、コンセプトとしてはまったくちがうのです」

「うーん。いまのご意見を参考にして、社長とも相談してみますね。ジョブ型というだけではよくわからなかったけれど、少し道筋がみえてきた気がして助かりました」

　ここまで黙って聞いていた東畑が、「いまの戸川さんの話を聞いていると、ジョブという言葉に、あまりとらわれすぎると、かえってやりにくくなりそうですね」と言うと、美智香は「そうそう。要するに組織において人をどう動かすかということで、それは会社ごとに戦略があるのであって、職務にこだわりすぎるのもダメだし、でも職務を無視していてもダメで、ちょうどよいバランスをとったハイブリッド型がいいんですよね」

「ハイブリッドか。何だか、横文字が次々と出てくるね」と磯谷はため息をつきました。

パラレルキャリア

　ジョブ型についての美智香の説明に聞き入っていた東畑は、改めて「戸川美智香のようになりたい」という気持ちを強くもっていました。東畑は、諏訪康雄先生の本でキャリア権のことを学び、大学で受けていたキャリア教育とはちがって、キャリアを法学的にみていく視点をもつことができるようになりました。それと、少し前に話題となったリン

ダ・グラットン他の『ライフ・シフト』$^{(※2)}$にも刺激を受けていました。そして、これからの長い職業人生において、何をして生計を立てていこうかということに悩んでいたのです。趣味でやっているYouTuberで生計を立てるなんてことはとてもできないし、だからといって、豊夢商事で働き続けている30年後の自分を想像することもできませんでした。

　いつかは人事部からも異動となるでしょう。そうなると、また新しい仕事を覚えなければなりません。おそらく昇進は少しずつしていくでしょうが、やりがいのある仕事に就けるかどうかはわかりません。自分は管理職には向いていないとも思っていました。それに、社長は、部下の話はよく聞いてくれますし、人柄も好きですが、やはり創業一族の2代目社長であり、ワンマンであることに変わりありません。この会社では、最後は社長の意向に逆らうことができません。今回も、思いつきでジョブ型と言いはじめて、周りを右往左往させています。

　東畑は、せっかく人事部にいて労働法のことも学んだのだから、その知識を活かした仕事をしたいと思っていました。とくに興味をもったのは就業規則です。就業規則という文書に書き込むことによって、会社はいろんなことができるようになったり、あるいは制限を受けたりすることがわかりました。美智香のアドバイスを受けながら、副業の規定を変えたことはよい勉強になりました。これでこっそりやっていたYouTuberとしての活動も、問題はなくなるでしょう。そもそも、これは副業と言えるものかわからないものでしたが。いずれにせよ、規定1つで、会社が社員に命じることができる事項や、その裏返しである社員の自由度も変わってくるのです。

　東畑は、さらに経営学的な知見を身につけて、人事のプロフェッショナルになりたいと思っていました。美智香の今日の話も法律的なことよりも、人事管理的な話のほうが多いように思えたからです。しっかり勉強して、いつかは美智香のように独立してみたいのです。そのためにも、

今日のジョブ型の話を興味深く聞いていました。人事のプロフェッショナルになる以上、人事部以外での仕事に配属されては困るなと思いました。

それともう1つ、東畑は学生時代、経済学部のゼミで、障害者雇用の推進のためにはどのような制度設計が望ましいかというテーマで報告をしたことがあり、障害者問題に関心をもっていました。NPO法人の活動にも、ときどきボランティアで参加していました。それに東畑は、環境問題にも関心をもっていました。スウェーデンのグレタ・トゥンベリさんの発言に強く心を動かされていました。今後は、こうした障害者や環境に関するボランティア活動に、もっと力を入れていくつもりです。副業を広く認めるのは、社員が私生活の時間を充実したものにしていくねらいもあるはずです。その点でもボランティア活動は望ましいと思えました。

ボランティア休暇

在宅勤務中の社員調査には、東畑自身も答えていました。その自由記述欄に、就業規則にボランティア休暇を追加することを提言していました。これを目にした磯谷から、これはどのような趣旨のものかを確認するメールが届きました。そのため、人事部の定例のオンライン会議の場で、磯谷に説明をすることにしました。

「通勤時間の節約のおかげで浮いた時間を活用して、地域貢献をするためにボランティアができればよいなと思ったために、提案させてもらいました」

「ボランティアは休日にやればよいのではないか。年休をとることもできるしね」

「そうなのですが、休日だけでやるのでは限界があります。集中してボランティア活動をするためには、ある程度まとまった日数が必要なこともあります。それに年休は、こういう目的でとるものではないですよね」

「自分のために休暇をとるんだから、年休でやるのが普通だと思うけどな」

「ボランティアは自分のためというよりは、社会のためという面が強いと思うのですが」

「いや会社のためかそうじゃないかというのがポイントで、会社のためでなければ、社会のためということであっても、私的な目的となるというのが、普通の考え方じゃないかな」

「でも会社というのは、そもそも社会のために存在しているのではないでしょうか。私たちの世代は、会社の利益になるというよりも、社会に何か貢献したいという気持ちをもって会社に入ることが多いと思います。私も豊夢商事に入社して、日本酒を多くの人が楽しんでくれて、人々が豊かな気持ちで生活できるようにという気持ちをもっています」

「それはわかるけれど、僕は古い世代なのかな。やっぱり給料をくれる会社の利益にならなければ、という基準で考えてしまうんだよね」

「私たちの世代は、SDGs[※3]に関心が高いと言われています。子どものころから、環境問題やマイノリティ問題などを学んで、これに敏感に反応してきました。それに社会がどうかというよりも、自分自身のやりがいというのが、行動の基準となっています。そうした世代からよい人材をとるためには、ボランティア休暇を認めている会社というのは、1つの大きなアピールになると思うのです」

「なるほど、そういうものか。たしかに、そう言われれば、会社のためにもなるという気もしないわけではないが、どことなくごまかされているような気がしないわけでもないけれど」

「大学で、企業倫理の授業を受けたときに、企業の社会的責任を学んだ

ことがあります。ノーベル経済学賞をとったフリードマンは、企業の社会的責任とは、株主の利益をもたらすことであると述べていましたが、いまはそういう考え方はあまりないようです」

「まあ大学の授業と現場とはちがうからね。企業の社会的責任とは、株主ではなく、従業員の利益を守ることだよ。そのためには、会社は利益を上げなければならないんじゃないかな」

「それはコーポレートガバナンスの問題で、これも授業で勉強しました。詳しくは会社法の話になるのでしょうが、経済学部の授業でしたので、コーポレートガバナンスには、株主利益を中心にするタイプと会社の利害関係者の利益を重視するタイプとがあり、日本は後者で、とくに従業員の利益を重視する従業員主権型であるところに特徴があると教わりました。部長がおっしゃったのは、そのことかもしれません。ただ最近は、利害関係者の範囲が広がっていて、環境面から次世代の人の利益も守るべきだというような議論も出てきているのです。私たちの世代は、会社に対して、そういう見方もしているのです」

「たしかに若い人材へのアピールは必要だとは思うよ。では、かりにボランティア休暇の規定を入れるとすると、どのような内容になると考えているのかな」

「まだそこはよく詰めていませんが、思い切って1年間の有給休暇というのはどうでしょうか」

「それは無理だよ。まず有給はありえないよ。ノーワーク・ノーペイの原則があるからね。日数も3日くらいが限度じゃないかな」

「それじゃあまり意味がありませんよ。1年間は無理でも、せめて1カ月有給というのはどうでしょうか」

「うーん。そこまでになると社長の決断が必要となるかな」

　ということで多忙な社長ですが、磯谷が別の案件で話をしたついでにボランティア休暇のことに少しふれたら興味を示してきました。そこで

美智香も呼び、社長も参加するオンライン会議が開かれることになりました。在宅勤務の導入以降、会議の設定は迅速になっています。進行は磯谷です。

「今日は社長にはお忙しいところ、時間を割いていただきありがとうございます」

「10分後に別の会議があるので、途中で退席するがね」

「事前に送付した資料に記載していますように、今日の議題はボランティア休暇です」

「ボランティア休暇は導入していいよ。もちろん内容次第だが」

「わかりました。社長がそうおっしゃるなら、ボランティア休暇を導入するかどうかという第1の議題は、導入可ということで決まりとして、次に第2の議題ですが、ボランティア休暇の内容です。具体的には、期間と給料保障が問題となるでしょうが、この点はどうでしょうか」

「こういう休暇にも、年休と同じように給料を支払わなければならないものかね」

「いやノーワーク・ノーペイの原則というものがあるので、支払わないことになると思います。この点について、戸川さん、いかがでしょうか」

　発言を求められた美智香は、事前に予想していたのか、チャットでファイルを送ったうえで、説明をはじめました。

「ノーワーク・ノーペイの原則については、社長には以前にご説明したことがありますが、覚えておられますか（⇒前書第10話297頁以下）」

「ずいぶん前のことだから、忘れてしまったけれど、要するに、働かざる者は食うべからず、ということだよね」

「ちょっと違いますが、まあ似たようなものです。労働しなければ、賃金は支払われないというものです」

「そうすると、ボランティア休暇については、賃金を支払ってはならないのでしょうか」と東畑が質問してきました。

「いや、支払ってはならないというものではありません。よくノーワーク・ノーペイの原則と言われますが、これは何も決めていなければそうなるというだけであり、いかなる場合にも、そのようにしなければならないというものではないのです」

「原則と言われると、それに従わなければならないというように思えますが、そうではないのですね」

「東畑さんが言うように考えている人も多いです。年休のように法律で例外を定めている場合や休業手当のように、会社に帰責事由がある場合以外は、賃金を支払ってはならないと考えている人も多いと思います。もしかしたら、わかっているけれど、社員に対してはノーワーク・ノーペイの原則があることを口実にして、賃金を支払わないことを正当化していることもあるかもしれませんが……」

　中上は、まだ話し続けようとしていた美智香を遮り、「要するに、給料は支払っても、支払わなくてもよいということだね」と言うと、美智香は別に話を遮られたことを気にする風でもなく「そうです」と答えました。

「財務担当の池橋専務に相談する必要があるが、私は有給でよいと思うよ。でもせいぜい３日だな」と社長が言うと、東畑が「申し訳ありませんが、提案者として一言よろしいでしょうか」と声を出してきました。オンラインミーティングのソフトには挙手機能があるのですが、人事部ではあまり使われず、直接、発言を求めることが多いのです。進行役をすっとばした感じで、磯谷がちょっと困った表情をしましたが、中上が「どうぞ」と言ったので、東畑は続けて発言しました。

「磯谷部長にも申し上げたのですが、これからの若者にとって、会社というのは、個人の生きがいを実現する場の１つです。働くことも大切ですが、同時にボランティアなどの社会貢献と両立できれば、とても魅力的だと思うのです」

　美智香も、東畑と同じように挙手機能を使わず、画面の向こうで直接

手を挙げました。「よろしいですか」と言いながら、指名される前に話しはじめました。「社長のお時間の都合があるでしょうから、簡潔に言いますと、これからの会社はCSR、つまり企業の社会的責任やSDGsが大切です。脱炭素といった環境面が話題になっていますし、地球の持続可能性のための社会貢献といった問題に対して、若者は社長たちの世代とは比べものにならないほど意識が高いのです」

「私だって、十分、意識しているつもりだけどね」

「そうかもしれませんが、たぶん若者は意識の程度が平均的に高いのだと思います。だから彼らや彼女らにアピールするために、ボランティア休暇を認めるのはよい案ですし、積極的にホームページで、環境問題や人権問題に取り組むと書いて、実際にもそうした取組をした例を挙げておくことも、とても必要だと思います。上場会社ですと、ESG投資^(※4)といって、Eの環境、Sの社会、Gのガバナンス、つまり企業統治に着目した投資がなされるようになるため、これらの点で不十分な会社は投資対象から外されるという形で圧力がかかるようになります。豊夢商事は上場していませんが、取引先が上場していれば、取引先から同じような圧力がかかるでしょう。簡潔にと言いながら長くなって申し訳ありません」

　磯谷が「社長は、そろそろ時間なので」と言いかけたところで、中上は「戸川君の言うことはよくわかったが、それじゃボランティア休暇はもっと期間を長くして有給にすべきだというのかね」とたずねました。美智香が「有給は7日くらいでよいのではないでしょうか。ただ無給の休暇は1ヵ月くらい取れるようにしたほうがよいと思います。東畑さんはいかがでしょうか」と言うと、東畑も「はい、最低それくらいはあったほうがよいと思います」と答え、中上は「じゃ、それで決まりだ。池橋専務のほうには、私から説明しておくよ。これはよい人材を集めるための投資だってね」と言い、退出していきました。

幸男の学習メモ

　休業手当は、労基法26条の「使用者の責に帰すべき事由による休業の場合においては、使用者は、休業期間中当該労働者に、その平均賃金の100分の60以上の手当を支払わなければならない」という規定に基づいて支給されるものだ。民法536条2項には、「債権者の責めに帰すべき事由によって債務を履行することができなくなったときは、債権者は、反対給付の履行を拒むことができない」という規定もあり、これも労働契約に適用されるというのが通説や判例の解釈だ。つまり、労働債務の債権者である会社の「責めに帰すべき事由」によって、従業員の労働債務の履行ができなくなったときは、会社は、反対給付である賃金の履行を拒否できず、全額支払わなければならない。その意味で、平均賃金の6割しか義務づけていない労基法よりも、民法の規定のほうが従業員に有利だ。このように民法と労基法がちがった内容である場合、民法は契約全般に適用される「一般法」で、労基法は労働契約にのみ適用される「特別法」なので、「特別法は一般法に優先する」という法の一般原則に照らして、民法536条2項は適用されないとする解釈もありうるが、判例は、どちらも適用されるとしている。そうなると、労基法26条の存在意義はなさそうだが、同条は、責めに帰すべき事由の範囲が広いこと、平均賃金の6割までしか義務づけていないが、その範囲では違反をすれば罰則が適用されるし（同法120条1号）、また未払いがあった場合には付加金（労働者の請求により裁判所により命じられるもの）の制裁もあること（同法114条）、民法536条2項は任意規定（当事者の合意により法律の定める内容とは異なる内容の合意をすることができる規定）だが、労基法の規定は労働者に不利には変更できないこと（同法13条）という点に違いがある（ノース・ウエスト航空事件・最2小判昭和62年7月17日（最重判169事件）を参照）。

ワーケーション

　磯谷は、自分の関与しないところで、人事上の案件が決まってしまったことに驚きました。これだと中間管理職は不要じゃないか、と心のなかでつぶやきながら、「本日は、もう１つ、案件があります。議題には挙げていなかったのですが、せっかく戸川さんもおられるので、ご相談したいことがあります」と発言しました。

「はい。どういうことでしょうか」

「DX室の深池さんから、在宅勤務になったので、お母さんのいる西宮の実家に帰りたいという申出があったのです。就職の際の面接では、お母さんはこちらに呼び寄せたいと言っていたのですがね」

「神戸支店への転勤の希望ということではなくですか」

「まあDX室は本社にある部署ですからね。どうせ出勤しないのだから、転勤するまでもないだろうということだと思います」

「DX室の業務委託で働いている社員は、実は日本中に散らばっていますが、深池さんは室長ですので、やはり本社近くにいてもらわなくては困ると思うのですが」

「実際に本社に来なければできない仕事はあるのですか」

「おそらくないと思います。彼が進めているDXは、オフィスなどを不要とする方向に進むのでしょうね。自分が西宮に帰りたいから熱心にやっていたのかもしれませんが」

「とくに出勤してやらなければならない仕事がないのなら、西宮に住んでもらうことでよいのではないでしょうか。もちろん、どうしても業務上必要な場合には本社に出勤してもらうことにすればどうでしょう。あるいは神戸支店ですむのなら、そちらに出勤することでもよいですが」

「ただ、もしこれを社員に認めてしまうと、みんな好きなところに住む

ようになってしまいますよね」

「それはそうなのですが、なぜ好きなところに住んではダメかということを、きちんと説明できますでしょうか」

「うーん、難しいかもしれませんね」

　ここで東畑が、話に割り込んできました。「テレワークを突き詰めれば、各人が好きなところに住んで働くということになりませんか。これが、いま流行の言葉を使えば『働き方のニューノーマル』ですよ。そういえば、最近読んだネット記事で『ワーケーション』というのが紹介されていました。ワークとヴァケーションを組み合わせた造語で、『休暇中にテレワーク』という見出しでした。休暇中に働くというのはどうかと思いましたが、ワーケーションの場合、休暇を過ごしたくなるような環境のよいところで働くという意味だそうで、それならよいなと思いました」と言うと、美智香も「私もその記事をみましたよ。私の場合も、顧客との関係が完全にオンライン化すれば、できればハワイに住みたいですね」とこれに答えると、すぐさま「それは困りますよ。アムールの荻野さんが悲しみます」と言って、東畑は思わず「しまった」という顔をしました。美智香は何食わぬ顔をしていますが、内心ドキドキしていました。

「荻野って、どこかで聞いたことがあるがな……。まあとにかく、深池室長の引っ越しは、人事部がとやかく言えないことなんだろうね。豊夢商事は通勤手当の上限は決めていたけれど、住む場所については、とくに限定はしていなかったからね。実際、静岡から新幹線通勤している従業員も以前にはいたから、その延長とみれなくもないし、ましてや通勤手当がない在宅勤務だからね。でも、このことは社長の耳にいれておく必要はあるな」と磯谷は言って、この日のオンライン会議は終了となりました。

「アムール」にて

　アムールは、緊急事態宣言が解除された後も、最大20席のところを1日5名限定で、しかも席はアクリル板で仕切りをつくり、1席ずつあけて座ってもらうことにし、カウンターにも透明のビニールカーテンをつけるという徹底した感染対策がとられていました。ワインや料理はカーテンの下から渡され、空いたグラスや皿は、客が自らの手でカーテンの下から返すということになっていました。

「マスター、お店のほうは大丈夫ですか」

「さっぱりです。在宅勤務が増えて、会社帰りに立ち寄ってくれる人が減りましたね。今日は美智香さんたちが来てくれて有り難いですよ」

「それじゃ、ちょっとよいワインを開けてもらいましょうか。東畑君が何か深刻な話をするって言っているし」

「深刻ってなんでしょうね。ワインは、サッシカイアがあるので、ボトルで飲んでくださるなら、特別価格で提供しますよ」

「ぜひお願いします。東畑君も高級ワインを味わってね。特別価格っていうことでなければ、なかなか注文する勇気をもてないようなワインだから。それにしても、東畑君、先ほどの会議で、マスターの名前を突然出したからびっくりしたわ。別に隠す必要はないけれど、ややこしくなるから、気をつけてね」

「すみません。だって戸川さんがハワイに行くなんて言い出すから」

「美智香さんはハワイに行くんですか」と、マスターはワインを開けていた手を止めて声を上げましたが、「ちがうのよ。今日、ワーケーションの話になったから、私もクライアントのことがなければ、移住したいなということを言ったのよ」と美智香はあわてて釈明しました。

「それで安心しましたが、実は私もゆくゆくは本場のイタリアで、今度

は日本酒のバーをやってみたいという夢があるんですよ」

「ステキじゃないですか。豊夢商事から輸入すればいいんじゃないですか。ところで、東畑君の深刻な話って何かしら」

「はい、実は僕、美智香さんみたいになりたいんです」

「えっ、何を突然。私の何も知らないくせに」と美智香は冗談めかして言ったところ、東畑はいつものように明るく切り返すことはせず、まじめな表情をしたままでした。

「まずは、東畑君の未来を祝して乾杯」と、美智香はちょっと茶化した感じで、グラスを合わせてきましたが、東畑は表情を変えないままグラスを合わせただけでした。

　東畑はグラスに口をつけた後「独立したいんです」とぽつりと言いました。

「独立して何をするの」

「美智香さんみたいに、社会保険労務士の資格をとって、できれば大学院でMBAの資格もとって、人事コンサルティングのような仕事ができればと思っています」

「たしかに、これからはAIとの競争だけれど、コンサルティングのような仕事は、AIではなかなか難しいから、未来はあると思っているわ。でも豊夢商事に何か不満でもあるの」

「いや、別に不満があるわけではないんですが、でもあの会社に70歳くらいまで働くというのは、ちょっとありえないかなと思って」

「それはそうかもね」

「それに美智香さんだって、マスターだって、独立しているし。影響されちゃいますよ」

「私にとっては、君のような優秀なライバルが出てくると、仕事がとられてしまうから困るわ」

「そんなこと思ってもいないくせに、よく言えますね。でも、どうせい

130

つかは、自分で独立してやっていかなければならないときが来ますよね。最近、フリーランスという言葉をよく耳にして気になっています。やはりそれは会社員ではない働き方が広がる予兆でしょうか」

「そうね。フリーランスは、現在では、労働法の適用もないし、社会保険においても、会社員とはちがう扱いになっていて、保障が弱い感じだけれど、なんといっても自由な働き方だからね」

「うちのDX室の業務委託で働いている人たちも、ちょっと羨ましく思ったりします」

「彼らはスキルがあるからね。マスターだって、バーテンダーのスキルを身につけているから独立したんですものね」

「私の場合は、それもあるけれど、前に話したように会社に居づらい状況があったので、独立への踏ん切りがつきやすかったんだよね。でも、いまの若い人は、そもそも就職して会社で長く働くつもりなんて、これっぽっちもないでしょう」

「はい、人事部員としては、自分のことを振り返っても、そこは大事なポイントだと思っているんです。磯谷部長は、社員は長く働きたいはずだということを前提として、会社の方針に社員はあわせるべきだという考え方をもっているようなのですが、これはちょっとまずいなと思っています。そんなことをすれば、若い社員はとっとと辞めてしまいますよね。戸川さんも、そう思いませんか」

「そうね、会社の方針ももちろん大切だけれど、それが社員に届かなければ、社員はたとえ辞めてしまわなくても、やる気をなくしちゃうでしょうね。これがモチベーションと呼ばれるもので、それが下がっちゃうと、結局は、会社のためにならないのよ。私はいつも社員の納得が大切と言っているのも、そのためよ。磯谷さんは、ちょっと古いかな」

「僕は磯谷君の気持ちはわかるけれど、やっぱり社員のメンタリティも変わる以上、人事も変わらなければね」

「私もそう思いますよ。人事にはつねに新風を吹き込まなければならないわ。そのためにも、もう少し東畑君に頑張ってもらいたいわね」

「磯谷部長は、今日のボランティア休暇なんかも、最初は法律に規定がないからという理由で否定していたんですよ」

「たしかに、人事は法律のことがどうしても気になって、労働法を守るということには力を入れるけれど、実は労働法は最低限のことしか定めていないのよ」

「労働法のほうが変わってくれないんですかね」

「そうね、それは難しいかもね。労働法はそれなりに歴史もあるし、法律の改正は労使のトップの合意がなければ進まないから時間もかかるわ。最近では、政府がトップダウンで決めていくパターンも増えているけれど、それには批判もあるし」

「社会の変化にあわせて機敏に変わることができなければ、労働法は社会から取り残されてしまわないでしょうか。在宅勤務を導入したときに勉強した労働時間の規制などは、ずいぶんと時代に合っていない気がしましたし」

　議論が白熱しているなか、あっという間にワンボトルが空いてしまいました。知らぬ間に荻野は新たなボトルを開けていました。これはどうも荻野からの差し入れのようです。それが高級ワイン、ティニャネッロであることがわかって、美智香のテンションは上がっていきました。

「労働法の守るべき弱者保護という価値は大切だけれど、保護の仕方が今後はどんどん変わっていくのよ。個人の自立、これが大切よ。保護と自立は対立するなんていうのは、もうちがうのよね。２つをどう両立させるかこそ、ポイントなの。新しい価値を取り込みながら変わっていってこそ、人事に新風を吹き込めるのよ。法律がぐずぐずしているなら、私たちでどんどん進めていったらいいのよ」と、美智香のボルテージはどんどん上がっています。

132

それに押されたかのように、「もう少し、豊夢商事でやってみます」
と東畑は言いながら、彼には味の違いがよくわからない、2本目の高級
ワインのグラスを飲み干しました。

（※1）　「2020年版 経営労働政策特別委員会報告」では、「Society 5.0」は、「狩猟社会、
　　　　農耕社会、工業社会、情報社会に続く第5段階の新たな社会のことであり、
　　　　『デジタル革新と多様な人々の想像・創造力の融合によって、社会の課題を解
　　　　決し、価値を創造する社会』（創造社会）である」と説明されている（1頁注
　　　　2）。また「エンゲージメント」とは、「働き手にとって組織目標の達成と自
　　　　らの成長の方向が一致し、仕事へのやりがい・働きがいを感じる中で、組織
　　　　や仕事に主体的に貢献する意欲や姿勢を表す概念と考えられる」と説明され
　　　　ている（30頁）。
（※2）　リンダ・グラットン＝アンドリュー・スコット（池村千秋訳）『LIFE SHIFT
　　　　（ライフ・シフト）』（東洋経済新報社、2016）
（※3）　SDGs（持続可能な開発目標）とは、2001年に策定されたミレニアム開発目標
　　　　（MDGs）の後継として、2015年9月の国連サミットで採択された「持続可能
　　　　な開発のための2030アジェンダ」に記載された2030年までに持続可能でより
　　　　よい世界をめざす国際目標である。地球上の「誰一人取り残さない（leave no
　　　　one behind）」をスローガンとして、17の目標と169のターゲットから構成さ
　　　　れている。17の目標については、外務省のホームページを参照〈https://www.
　　　　mofa.go.jp/mofaj/gaiko/oda/sdgs/index.html〉。
（※4）　ESG投資とは、機関投資家が投資先の企業を選ぶ基準として、Environment、
　　　　Social、Governanceを重視することを指す。

第6話

社長の椅子
―2022年〇月　アフターコロナ―

デジタル化が牙をむく

　2021年1月、ふたたび、緊急事態宣言が出されました。豊夢商事はすでにテレワーク体制をとっていましたが、今回は経理部の社員も含めてテレワークを完全に行うことになりました。2020年9月に誕生した菅義偉政権は、行政手続のデジタル化を進めることにし、押印廃止が進められ、取引先との関係でも押印が求められることはなくなったので、豊夢商事の業務もほぼ完全にペーパーレスが実現することになりました。

　また、これまでオフィスにあった会社のビルは、中上家の所有でそれを豊夢商事が賃貸借契約で借りていたのですが、2021年12月には、それを解約して中上家に返還することになりました。オフィスへの出勤がほとんどなくなったので、オフィスを維持する必要性がなくなったからです。中上家の家賃収入が絶たれることになりそうですが、ロケーションがよいために、別の会社に売るつもりであるという噂も出ていました。

　なくなるのはオフィスだけではありませんでした。豊夢商事では、2020年10月ごろから大胆な組織再編が始まりました。その推進力となったのが、深池が率いるDX室でした。この日、深池は、DX室が取り組もうとしている今後の業務改革について、中上に報告に来ていました。

「社長、やるからには徹底してやりたいと思います」

「どういうことかね」

「まず全社的に、中核業務と非中核業務を仕分けし、非中核業務はできるだけ外部に委託することが必要と思います」

「人事部もかね」

「もちろんです。間接部門は、例外なく外部の専門会社にアウトソーシングします。BPOです」

「なんだね、そのBPOというのは」

「ビジネス・プロセス・アウトソーシングです。こうしたサービスを提供している業者がありますので、そこにまかせればよいと思います。よろしければ、私がよく知っている信頼できる業者をご紹介します」

「まあ、君の紹介する業者なら大丈夫だと思うが」

　いまや深池の中上からの信頼は抜群でした。彼が提案して行ったEコマースが収益を急拡大させて、大成功を収めていたことが、その最も大きな要因です。

「ただ、それは、会社を分解してしまうようなことにならないかな」

「いや、そうはなりません。中核業務は、あくまで自社でやるので、会社のアイデンティティは変わりません。ただ中核業務以外のものは、他社にまかせることができるものなら、まかせてしまったほうが経営の効率性は高まると思います」

「人事は、中核業務じゃないのかな」

「人事は、現在ではデータとAIを使って科学的に行うことができます」

「HR^(※1)テックというやつだね。最近みた雑誌で特集されていたな」

「おっしゃるとおりです。これまでは勘と経験を頼りにしていた部分があったでしょうが、これからはデータを使って客観的に人事を進めていくのがあたりまえとなります」

「勘や経験は、大切だと思うがね」

「これからは、新たな時代に対応してイノベーティブな価値を生み出せるような人材を集めなければなりません。失礼ながら、社長や人事部の職員の勘や経験がどれだけ素晴らしくても、それが今後も通用するとは言えないのです。人事のデジタルトランスフォーメーションこそ必要なのです」

　深池にここまで言われた中上は、もはやそれに反論することはできませんでした。「全社的に間接部門をなくすのなら、影響は大きいだろう

から、社員への配慮はしっかりしなければね」と言うのが精一杯でした。

　ただ、これにも深池の返答は、「リストラが必要な場合もあるでしょうから、そこは人事部の最後の仕事としてお願いすることにしましょう」という事務的なものでした。その言葉の響きは、中上には冷酷に聞こえました。取り返しのつかないことになっているのではないか、という不安が中上の胸中を落ち着かないものにさせていました。

HRテックによって仕事が奪われる

　こうして人事部の業務は、AIを活用する人事サービスを売り物にする企業に委託されることになり、豊夢商事の人事部は廃止されることになりました。

「まさか、ここまでの展開になるとは思いませんでしたね」と東畑が磯谷部長に声をかけました。

「コロナ禍は、人々の思考を壊してしまったよね。社長もすっかりおかしくなっちゃった。深池なんかを採用しなければよかったね。君は深池ファンだったけどね」

「そんなことはありませんよ。ただ、いずれこういう状況になることは予想できていたかもしれません。間接部門が次々とAI化されるということは、すでに想定されていたわけですし。AIを駆使した企業に仕事を取られるのは、時間の問題だったのでしょうね」

「でもAIできちんと人事ができるのだろうかね」

「それは何とも言えませんね。でも、これまでの人事で重視してきた直感的なものが、はたして正しかったかどうかも何とも言えませんよね」

「そうかな。経験の重みは馬鹿にできないんじゃないかな。そういうのがあるから、豊夢商事の企業アイデンティティも維持できたのだし」

138

「そうかもしれませんが、その企業アイデンティティ自体を変えなければならないのかもしれません。AIを頼りにできないとすれば、むしろその点でしょう。新たな企業理念の下に新たなタイプの人材を採用しようとすれば、過去のデータが使えないので、AIではよい『正解』を出せないかもしれません」

「そういう人を選ぶ目も、私たちにはないということなのかな。どっちにしても、私たちの仕事はなくなるということだね。さすがにクビになることはないだろうけど、さてどうなるか」

「私は人事の仕事ができないのなら、この会社にいる意味がないので、クビになる前に辞めようかなと思っています」

「そうか、君の年齢ならそれもよいだろうけど、私の年齢になるとそう簡単にはいかないよ」

「でも、磯谷部長も独立を考えておられるのでしょう。前に『ミッドフォーティの人生設計―40歳からの独立―』というベストセラーを読んでおられたでしょう」

「あれ、みられていたか。まあ、そういうことも、考えておかなければいけないかなと思ってね。かつて豊夢商事でも、同期の荻野というのがいてね、彼はバーテンダーとして成功しているみたいなんだよ。あいつのように私もセカンドキャリアを考えなきゃね」

東畑は、磯谷の口から荻野の名が出てきたことに驚きましたが、アムールが行きつけの店であることは黙っておこうと思いました。

リストラ命令

しかし、人事部はまだ簡単にはなくなりませんでした。深池が言ったように、企業内の組織大改革が進められアウトソーシング化された部門

のリストラが必要で、そのためにも人事部が必要とされたのです。

　深池は、自身がかつて働いた職場で、リストラを経験しており、こういう場合には企業が丁寧に対処することの重要性を知っていました。これを怠ると、社員が不満をもち、後から裁判や労働組合対応などの問題が出てくるかもしれないのです。再就職先の紹介なども重要だと思っていました。そうした役割を人事部に求めたのです。

「最近の社長の指示は、深池室長によると、というのが多いよね」

「たしかに、そうですね。今回もそうで、リストラ候補となる社員にきちんと面談して、1人ひとりへの対応をきちんとしてほしいというものです」

「でも、これはひどい話じゃないかな。だって、私たちだって最終的には、リストラの対象となりそうだからね」

　磯谷のこの言葉に、東畑は、前にアムールで、荻野マスターが、「終身雇用は幻想だったかもしれない」と言っていたことを思い出しました。デジタルトランスフォーメーションの大変革の波が押し寄せるなかでは、これも避けられないことなのでしょう。それにしても、と思いながら、東畑は、磯谷が自分自身のことで頭がいっぱいである気持ちもわからないではありませんでした。

「そうですね。部長は精神が強くて大丈夫かもしれませんが、私なんかメンタル的にやられそうですよ。そうなる前に、逃げださなければ」

「おいおい、そういう無責任なことを言ってくれるなよ。私だって夜もよく眠れなくなりそうだよ。それに君のように逃げ出すこともできないしね。君は入社して期間があまり経っていないから退職金はわずかだろう。だから、自己都合退職をしても減額幅は少ないんじゃないか」

「はい、私は2018年4月入社なので、今年4年目で、ようやく退職金がもらえる立場になりました。確認したら150万円でしたが、自己都合退職をすれば80万円となります。70万円の減額ですね」

「私は入社25年で、退職金はだいたい1,800万円だ。それが自己都合退職をすると、1,300万円なんだよね。500万円下がるのは、痛いよ」

「でも豊夢商事は、この規模の企業としては、かなり退職金がよいと思いますよ。むしろ心配だったのは、途中で業務を投げ出したら、懲戒解雇になってしまわないかなということです。豊夢商事の就業規則では、懲戒解雇された社員には退職金は支給されませんから、減額どころか不支給になってしまうおそれもあるんですよ」

「でも懲戒解雇される前に辞めてしまえば、いいんじゃないか」

「私もそうかなと思ったのですが、この点について、戸川さんに確認してみたのですよ」

東畑は、これより3日前に、美智香とLINEでやりとりをしていました。実は美智香は、豊夢商事が人事部を廃止することが決定したときに、業務委託契約の解除が通告されていました。このイヤな役割をやらされたのは東畑でした。ただ美智香はサバサバしていました。美智香にとって、豊夢商事は、多くのクライアントの1つにすぎなかったからです。それに豊夢商事でやれることは、もうあまりないかなという気持ちもあったようです。東畑は、豊夢商事の業務としては、美智香を頼ることができなくなっていましたが、個人的には連絡をとりあっていました。東畑は、以前に豊夢商事を辞職していた美智香に、退職金のことなどについて相談していました。

「やっぱり豊夢商事を退職しようと思っています」

「良く決断したわね（＊⌒▽⌒＊）」

「心配なのは退職金ですが。懲戒解雇になる前に辞めればセーフでしょうか(＊_＊)」

「豊夢商事の就業規則は手元で確認できる？」

「はい、大丈夫です」

「退職金に関する規定のところに、ただし書で支給しない場合が書いてあるでしょう」

「はい、そこに懲戒解雇になったときとあります」

「ちゃんとみてみて(-¨-)」

「ああ、ちょっとちがっていました。懲戒解雇に相当する事由があったとき、です。同じじゃないですか」

「同じじゃないわよ(-¨-)懲戒解雇に相当する事由があれば、懲戒解雇を実際にしていなくても、退職金は不支給よ」

「ほんとうだ」

「前に懲戒解雇になるようなことをしておいて、発覚したらとっとと辞めちゃって、自己都合の退職金はもらってしまおうとする社員がいたの。だから私が提案して就業規則の変更をしたのよ」

「へえ。今回の僕たちも、辞職をしたら、職務放棄だって因縁つけられて、懲戒解雇に相当する事由があるから退職金不支給なんてことはありうるのですか」

「そうよ」

「(T_T)」

「でも、リストラ担当をさせられるなんて、ひどいわね」

「これって人事部の仕事ですか」

「どうしようもない社員がいたときに辞めてもらうように説得することはあるけどね」

「今回は違いますよね」

「そうね、こんな大規模な人員整理は、本来は経営陣がやるべきよね」

「社長がやるべきでしょ。社員は家族だと言っていたのに」

「それは言葉の綾で。社員をそれくらい大切にしているということではあるけどね」

142

「それと真逆じゃないですか」

「かつての社長だったら、こういう乱暴なことはしていなかったかもね」

「社長は、深池室長にすっかり洗脳されてしまったみたいです」

「でも子会社の業績は絶好調のようね」

「そうなんですが、社長はあまり経営に身が入っていないというか」

「体調でも悪いのでしょうかね」

「いや血色は悪くないですよ」

「そう」

「DXとか言っていたのはよいけど、結局、深池室長の言いなりで」

「経営者としての限界を感じたのかな」

「2世社長ですから、経営へのこだわりは、それほど大きくなかったのでしょうかね」

「ところで、リストラは順調にいきそうなのかしら」

「数名は抵抗していて、そこが最後の難所です(T_T)」

　東畑は、磯谷から「豊夢商事は経営状況としては、それほどよいわけではないが、子会社のEコマースが好調だから、連結ベースでみると黒字だ」という話を聞いていました。そのため、もし解雇が不当であると訴訟を提起されると、どうだろうかということも心配でした。そのことを美智香にたずねると、「正面から解雇をすると、裁判所がどう判断するかの予測は難しいわね」という答えが返ってきました。「それは、また改めて説明するわ」ということで、翌日にリモートで説明を受けることになりました。

　東畑は、美智香から、解雇に関する基本的な知識をおさらいしてもらいました(※2)。もっとも、東畑はすでに十分に勉強していたのですが、美智香はまだ東畑を初心者扱いにしていて、それが東畑にはちょっと不

満でした。

「企業が大胆にアウトソーシングを進めることによる整理解雇は、企業内の雇用の受け皿それ自体がなくなっていくことになるので、解雇回避をしようとしても限界があると言いやすそうね。ただ営業や販売といった直接部門は残るでしょうから、そこに配置転換ができるかは、問題となるわね」

「ただ直接部門も、DX室主導の業務改革が進んでいて、人手は不要となってきているんですよ。DXってすさまじいです。だから、配置転換で雇用を維持する余地はかなり狭いと思います」

「そうか。ただ、整理解雇が有効かどうかは、裁判をしてみなければわからないところがあるからね。だから日本企業は、できるだけ解雇という手段を避けて、希望退職を募集して、退職金を上乗せして、本人の同意を得て辞めてもらう、つまり合意解約という方法をとってきたのよ。今回は、退職金の上乗せはできるのかしら」

「そういうことができれば、よいのですが、社長からはそういう話は何も出ていません。社長は、リストラには関心がないみたいです。人事としては、社員のみなさんが退職に納得してくれれば、会社のリストラに手を貸したという罪悪感は、それほど感じなくてすむのですが。こうした作業を進めなければならないのは、気の重いことです」

「君が以前に独立したいと言ったときには、それを止めるようなことを言ったけれど、いまはもう止めないわよ」

　その後、磯谷は東畑から、美智香が「自ら退職しても、退職金をもらえなくなることがある」と言っていたと聞いて、退路を断たれた気分でした。せめて東畑は辞めないでいてくれたらな、と心のなかで念じていました。

幸男の学習メモ

　懲戒解雇は、懲戒処分のなかの最も重い処分であるため、重大な非違行為がなければ、その処分は権利濫用とされる可能性が高い（労契法15条）。懲戒解雇は、形式上は、解雇なので、解雇に関する規定も適用されるが、実際に重大な非違行為がある場合には、労働者の責めに帰すべき事由があるとされて、解雇予告規定は適用されず、即時解雇が可能だ（労基法20条1項ただし書。ただし行政官庁（労働基準監督署長）の認定が必要だ（同条3項が準用する19条2項））。

　懲戒解雇の場合に退職金を支給しないという就業規則の条項はよくみられるものだ。労働者に不利な内容だが、これを公序良俗違反で無効（民法90条）とする裁判例は存在しない。退職後の競業避止義務違反に対する退職金の不支給や減額についても同様だ（三晃社事件・最2小判昭和52年8月9日（最重判10事件））。賃金全額払いの原則（労基法24条1項）と抵触していそうだが、同原則は、発生した賃金請求権に関するものであり、懲戒解雇の場合には、退職金の請求権がそもそも発生しないので、同原則は適用されないことになる。ただし、退職金不支給条項（ないし減額条項）に該当するような懲戒解雇は、退職金の性質に功労報償があることにかんがみ（その他に、賃金の後払い的性質や生活保障が挙げられる）、過去の功労を無にする程度に至っていることが必要と解されており、懲戒解雇イコール退職金不支給ではない。また、裁判例には不支給条項は有効であっても、ケースによっては退職金の一部支給をすべきとされることもある（小田急電鉄事件・東京高判平成15年12月11日（最重判97事件））。

子会社上場

　2021年には、もう１つ大きな変化がありました。豊夢商事の子会社であった豊夢Ｅコマースが、上場することになったのです。親会社は非上場なので、親子逆転です。上場にともない、池橋は社長を退任して、豊夢商事の役員に専念することになりました。そして、後任の社長についたのが、取締役の高梨ではなく、なんと深池でした。中上社長は、深池が豊夢Ｅコマース社の成功の最大の功労者であり、今後も同社を発展させていくうえでは、彼に経営をまかせたほうがよいと判断したのでした。また、徹底的なリストラを進めていた豊夢商事において、その推進役であった深池に対して、社内で批判がくすぶっていることもわかっていました。子会社とはいえ、別会社に移ってもらい、社内の不満のガス抜きをしたいという思惑もあるのではないか、と噂されていました。

　ただ深池は、中上社長の絶大な信頼を得ていました。上場したとはいえ、大株主は豊夢商事なので、中上の意向が絶対ですが、中上社長の支持を受けた深池は、経営において広いフリーハンドを与えられていました。深池は、豊夢Ｅコマースの社長になるにともない、社名を「リッチドリーム」に変更し、登記簿上の本店所在地を、兵庫県神戸市に移すなど、独自色を出していきます。

　深池はまた、EC部から出向してきた社員を、豊夢商事から退職させて、技術系のスタッフと同様の業務委託契約に切り替え、リッチドリームで勤務してもらうこととしました。深池には、格好の説得材料がありました。かつてEC部からの出向の際に、賞与が変動制になるのをいやがったために後悔していた社員たちの気持ちをくんで、報酬を業績に連動する成果型にしたのです。これによって年収が大幅に上昇することが見込まれました。

146

この結果、リッチドリームには、従業員と呼べる者はほとんどいなくなりました。業務委託契約で働く人材が中心で、これは人件費を抑えるねらいもありました。業務のデジタル化もどんどん進めました。政府が規制緩和をすると予想して、深池が準備を進めていた、酒類専門のデリバリーに無人配送車を活用することをさっそく実践したところ、効を奏したのです。また各地のコンビニエンスストアと提携して、酒類だけでなく、食品も無人配送するビジネスを他社に先駆けて進めて、家呑みが広がるなかで大きな成功を遂げました。深池が社長になってからたった半年で、もともとよかった業績はさらに向上しました。この勢いで、深池は、さらに多角化を進めようと考えていました。マスコミのインタビューで、テレワークの広がるなかで新たに需要が拡大してきたサテライトオフィスを全国に展開するため、不動産業にも参入するつもりだと発言していました。

リッチドリームのトラブル

　豊夢商事では、一連のリストラがほぼ終わった2021年12月に東畑は豊夢商事を退職しました。心身ともに疲れ切っていた東畑は、荻野のアムールに、毎夜、訪れては人生相談に乗ってもらっていました。東畑のワインの知識も徐々に深まっていました。
　東畑が次の就職先に選んだのは、意外にもリッチドリームでした。東畑は、すでに面識のある深池に直接電子メールを送りました。東畑は、経営者としての深池を尊敬していて、指導を受けたいと訴えたところ、深池からすぐに返事が来ました。深池は、東畑が若いのに、自分が中上社長を通じて指示していたリストラをみごとにやり遂げたことを高く評価していました。そこで、さっそく社長室長にむかえ入れることにした

のです。東畑は、リッチドリームでは珍しい正社員での採用でした。

　深池にとっては、その後、労働問題にも精通している東畑を採用してよかったと思うことが起こりました。まず、業務委託契約になった、豊夢商事からの出向・転籍組である遠山、大村、坂田、井上が、高梨取締役を委員長とするリッチドリーム労働組合を結成したのです。そのきっかけは、坂田が深池の指示で、各地のコンビニエンスストアとの交渉に向かう途中で交通事故にあったことの補償をめぐるトラブルでした。いったんは円満和解が成立しそうだったのですが、突然、リッチドリーム労働組合から、坂田の補償をめぐって団体交渉が申し込まれたのです。

　リッチドリームには、労務担当の部署がなかったために、豊夢商事で人事部にいた東畑に、深池は相談しました。

「社員でないから、労働組合なんて結成できないはずだよね」

「はい、ただ労組法上の労働者に該当するという可能性はないわけではありません」

　東畑は、かつて豊夢商事で業務委託契約の活用を提案して、美智香から説明を受けたときのことを思い出して、深池にその内容をかいつまんで話しました（⇒本書第1話7頁以下）。

「ここは甘い顔をしてはダメだな。君たちは労働者でないから団体交渉には応じる必要はない、という姿勢で突っぱねたいね。そもそも高梨は取締役だから、労働組合に入れっこないだろう」

「社長がそうおっしゃるなら、そのようにしますが、反発がきついかもしれませんよ」

「じゃ、どうすればよいのかね」

「坂田の補償をもう少し充実させるとかは、どうですか」

「坂田の補償については合意が成立しかけていたんだよ。誰かが労働組合をつくれば、もっと補償額を引き上げられるといった入れ知恵をしたのかな」

148

「さあ。でも労働組合をつくっても、労働組合とは認められない可能性もあるのですからね。あまりよい知恵ではなかったかもしれませんね」

「とにかく、君にこの件はまかせるよ」

　ということで、東畑は、リッチドリーム労働組合に対して、団体交渉に応じられないと文書回答しました。ただ、予想したとおり、組合側の反発はきついものでした。組合のホームページ上に、「リッチドリーム社長の深池氏は、即刻、坂田組合員の補償について団体交渉に応じろ！」「リストラ王の深池氏は、経営者として失格である」などと書かれて、マスコミのなかにも、「好調な経営にひそむリッチドリームの闇」といった刺激的な見出しで、深池のことを非難するメディアも出てきました。少し前までは、苦労人であった深池が社長にのし上がるまでの成功物語をとり上げるマスコミのほうが多かったのですが。

　深池は、予想外の展開におどろいていました。とくにメディアで報道される内容が、内部の者しか知り得ないものが多く含まれていることに不信感を高めていました。深池は、東畑を呼び出しました。

「組合員たちは、秘密保持義務に違反していないのかな」

「業務委託契約では、とくにNDA[※3]は含まれていませんでしたよ。ただ営業秘密の漏えいは、契約で定めるかどうかに関係なく、不正競争防止法で対処することもできます[※4]。差止請求もできるみたいですが、弁護士の先生に聞いてみましょうか」

「いやここであまり強い対応をしたら、相手の思うつぼだろう。マスコミがいっそう騒ぎ出すぞ。何とかならないかな」

「交渉に応じるのが一番かと」

「それじゃ、最初からの対応が間違っていたことになるよな」

「そうでもありませんよ。団体交渉には応じないけれど、円満解決をめざして協議には応じるといったやり方もあります。そういうことでもしなければ、なかなか解決できないのではないかと思います。ネット上の

言論活動は、なかなか止められないですからね」

「なるほど、君は知恵があるね。しかし、そもそもどうして、こんなことになっちゃったんだろうな。坂田の補償も悪くない額であったしね。それに他の組合員だって、待遇には何も不満を言っていなかったんだよ」

「いや、私にも組合結成のきっかけはよくわかりません。やはり誰かの入れ知恵ですかね」

「誰がそんなことをするのかな」

　深池は、豊夢商事からリストラされた者の間では自分のことをよく思わない人がいるとは思っていましたが、リッチドリームではむしろ、遠山たちからも感謝されていると思っていたのです。

リッチドリームの買収

　豊夢商事での人事部としての最後の仕事を終えた磯谷は、自分のクビが寒くなってきていることを知っていました。もちろん吹く風が冷たくなってきたからではありません。東畑も明日で退職することになっていました。中上社長からは人事部は廃止するとだけ言われていて、その後の自分のポジションについては何も言われていませんでした。人事部の自分にも連絡がない以上、社長じきじきに解雇通告されるのではないかと不安な毎日を過ごしていました。そんなとき、磯谷の携帯メールに、見慣れぬ「amourogino@//////」というアドレスからのメールが届きました。開けてみると、それはかつての同僚の荻野からのものでした。「お久しぶりです。東畑君から、あなたの話はいろいろ聞いています。あの件は、もう過去のことで、お互いに誤解があったと思いますが、もう忘れましょう。今回、少しお話ししたいことがあるので、一度、私の店のアムールに来ませんか」

150

磯谷は、風の噂で荻野がバーテンダーとして成功していることは知っていたのですが、彼の店がときどき美智香と東畑との間で話題になっていたワインバーのアムールであったことを知って驚きました。その夜、さっそく磯谷はアムールに行きました。

「よう、久しぶりだね。ここが噂のアムールか」

「ようこそ。誰が噂をしていたのかな」

「戸川さんや東畑君だよ。立派な店じゃないか」

「もともとはフレンチビストロだったのを買い取って改装したんだ。店名は以前の店のままでフランス語のアムールだけれど、ワインは基本的にはイタリア産しかおいていないんだ。ワインと言うと、ボルドーやブルゴーニュといったフランス産が多いし、最近では、カリフォルニアやオーストラリアもあるし、チリ産も悪くないけれど、やはり私はイタリアのワインが好きなんだよね」

「悪い、おれはお酒はダメなんだ。君は飲んでくれよ、おごるから」

「ブドウジュースでも美味しいのがあるから、飲んでくれよ。それじゃ、私はお言葉に甘えて、今日、取り寄せたアリアニコというワインをいただくね」

「どんどんやってくれ。それで用事というのはなんだい。たんに俺に何か文句を言おうとしているんじゃないよな」

「まさか。メールで書いたように、あのことは忘れよう。といっても、たんに旧交を温めようということでもないんだけれどね。実は、中上さんの最近のことをちょっと知りたいんだ。君が退職しようとしているんじゃないか、ということは東畑君から聞いていてね」

「社長は変わったよ。深池が来てからね」

「やっぱりね。私は深池という人は、苦労人と聞いてたから心配だったんだ。苦労人は、えてして地位を得ると、これまでの人生を取り戻そうとして、やりすぎちゃうんだ。能力のある人ほど危険というのが、私が

これまで多くの客をみてきた経験から言えることだよ」

「たしかに、深池は能力はあったし、自分の仕事を忠実にやったとは思うよ。でもちょっとやり方がね。おかげで人事部は、みんなに恨まれたし、最後はつぶされてしまったしね」

「そのようだね。東畑君もそう言ってたよ。リストラは、やられるのもつらいけれど、やるほうに立つのもつらいよな」

「ほんとうは社長がやるべきなのに、無責任に俺たちに押しつけてきたからね。自分じゃ、そういう汚れ役はイヤなんだよね」

「社長は、深池の言いなりなのかな」

「うん、そうだね。経営への意欲もだいぶ失ってきている」

「豊夢商事のほうもか」

「そうだ。子会社のことは、もともと深池にまかせっきりだよ。それにいまや豊夢商事は、子会社なしでは立ち行かないからね」

「豊夢商事のよさがなくなったな」

「すっかり変わってしまったよ。人間的な要素が減っていって、機械化とかデジタルとかってね。東畑君は、来るべき時が来ただけだと言っていたけど、俺は深池がもち込んだものだと思うね。まあ、社長がDXとか言い出したのが、そもそもの始まりだが」

「うん、やっぱりそうか。そこでだな、実は1つ相談があるんだ。中上社長に会わせたい人がいるんだが、話をつないでもらえないだろうか」

　数日後、中上社長は、都内のホテルのラウンジで、ラフなスタイルだけれど、顔は日焼けして精悍で、目がぎらぎらしている男と対面していました。それが、磯谷から会ってほしいと言われた人物、上村義昭でした。名刺には、「UMアセットマネジメント代表取締役」と書かれていました。

「いまや豊夢商事グループの稼ぎ頭となっているリッチドリームは、お

そらく株価はいまがピークでしょう。深池社長は、不動産事業に手を出そうとしていますが、これはとてもリスキーです」

「私もそう思います。豊夢商事は親会社として、なんとかしなければならないと思っています」

「深池社長の解任は考えてはいないのですか」

「いや、そこまでは。深池氏は功労者ですし、豊夢商事の業績にも貢献してくれているので、解任までは考えていません」

「しかし社長の力で、深池氏の経営方針を変えることはできますか」

「いや、そこはね。難しいかもしれない」

「私どもにまかせてもらえませんか。私は、豊夢商事が大事にしてきた日本酒というものは、今後も大きな可能性があると考えています。リッチドリームは、ネットショッピングなどを展開する範囲でとどまってくれていればよかったのですが、深池氏は暴走してしまっています。これでは豊夢商事の業績にも影響が出るでしょう」

　上村が中上に接近をした理由は、中上の保有する豊夢商事株を取得し、豊夢商事グループの経営権を握りたいというものでした。

「上村さんのところに株を譲渡すると、豊夢商事とリッチドリームの関係はどうなりますか」

「豊夢商事は引き続きリッチドリームの大株主であることには変わりないので、リッチドリームの経営陣を刷新して、事業拡大路線を止めさせて、堅実な経営を目指します」

「豊夢商事の社長は、誰にする予定ですか」

「私たちの考えている社長に適任の人がいるので、それはまた日を改めてご提案いたします」

「それなら安心です。私は経営から退き、新しい豊夢商事グループに期待することとします」

　上村は、中上社長の反応が、事前に聞いていたとおりであったことに

驚きました。荻野は中上の性格分析をして、中上が言うであろうことを事前に想定していました。荻野こそが、常連客の通称上村ファンドの社長である上村に頼んで、豊夢商事買収を実行しようとしていた張本人でした。荻野は、豊夢商事の経営に入って、日本酒バーをイタリアをはじめとして世界に展開をする夢を実現したいと思っていました。ビジネス上の採算だけでなく、ことあるごとにこの夢を荻野から聞かされていた上村は、協力したいと思っていました。荻野は、磯谷や東畑を通じて、中上が経営への関心を失いつつあり、地方創生問題に入れ込んでいるという情報を事前に入手しており、資産家である中上は、うまくもっていけば、豊夢商事の株を手放し、誰かに経営をゆずるのではないかとみていました。ただ、まさか中上が、ここまであっさり豊夢商事の経営を放棄してしまうことまでは考えていませんでした。上村は、荻野と相談したところ、豊夢商事の新社長はこの人しかいないという推薦を受けました。

「社長、すべてはうまく行きましたね。私もようやく夢がかないます」
「そうですね、荻野専務。これからが大変ですよ。専務が前に考えていたのとは違って、いまやバーもバーチャル上のものですからね」
「ロボットサーバーを売り出すという社長のアイデアは、斬新でしたね。日本酒は世界各地で厳密に温度管理をしている倉庫から、無人配送です。リッチドリームで培ってきた技術が使えますからね。いくつかの日本酒を少しずつ飲める200mlの3本セットも好評のようです。そして、リアルタイムでネットバーのアムールにアクセスしてもらえれば、そこで日本酒ソムリエが24時間交代制で待機していて、席が空いていれば、入室してもらって、事前に購入してもらっているロボットサーバーを遠隔操作してグラスに注ぎます。薩摩切り子の販売もしていて、それに注ぐ人もいます。世界中の人が、ソムリエの動作にあわせて動くロボットに

より、日本酒をグラスに注いでもらって堪能するのです。会話も自動翻訳なので、世界中の人と会話をします。一応ソムリエには英語ができる人を採用しています」

「定員の15名は、24時間ほぼ満席だそうね」

「そうなんです。自宅で日本酒を買って勝手に飲めばよいだけのようなのですが、日本に旅行をしているような気分になれるところがよいみたいです」

「そういえば、中上さんも頑張ってくれているみたいね」

「経営者としてではなく協力したいって。世界に日本酒をというコンセプトに感動したってね」

「そうね。中上さんに最初に会社に戻ってきたいと言われたときはびっくりしたわ」

「そうですね。ボランティアでと言われたけれど、それは悪いので、特別顧問になってもらっているのでしたね」

「まあ、報酬は名目的なものですけどね」

「中上さんは、地方創生にも力を入れておられて、第二の人生を謳歌している感じで、生き生きとされていますよ。外国人に日本の良さを熱く語ってくれています。彼は実はスペイン語ができるんですよ」

「びっくり。どこで勉強したのかしら」

「彼も実は会社を継がなければならないという自分の運命を恨んでいるところがあって、いつかは南米を1人で旅行してみたいって思っていたみたいですよ。サッカーの三浦知良が、若いときにブラジルに挑んだじゃないですか。あんな人生だったらよかったのにな、とずっと思っていたみたいです。だからスペイン語をやっていたようです」

「ブラジルなら、ポルトガル語ですけどね。まあ、それはともかく、もとは彼の会社ですからね」

「まあね。でもいまは戸川社長の会社ですが」

荻野は、豊夢商事の乗っ取り計画について、美智香に相談を仰いでいました。美智香は、深池の事業展開は少し急ぎすぎで、これは豊夢商事にもリッチドリームにも良くないと考えていました。美智香は、中上（豊夢商事）が、リッチドリームの大株主として深池に対してきちんとしたコントロールができていないことが問題であると考えていました。そんなとき、中上が経営への関心を失ってきているという情報が、磯谷と東畑から上がってきていました。そこで、中上のもっている豊夢商事の株式を上村ファンドに譲渡させるという計画を立てたのです。司令塔は美智香だったのです。

　美智香は、ウェブ上の社長会議室から荻野が退出したのを確認し、待機室にいた東畑を、社長会議室に入室させました。
「あの人は来られましたか」
「いまバーチャルバーにおります」
「それじゃ、今日の仕事はこれで終わりで、バーに移動しましょう」
「了解です」

　来客専用のバーも、バーチャルバーでした。
「社長、その節は、お世話になりました」
「お元気そうで何よりです。そちらは15時ですか」
「はい、社長のところは20時ですか」
「そうね。パリにいる東畑さんは、朝の7時ね。朝早くから悪いけれど」
「いえ、こちらは朝からワインを飲む国なので大丈夫です。それでは、さっそく私の手で、ゲストにお注ぎしましょう。ワインでいいですよね」
「私は日本酒党でしたが、ワインも勉強中なので、喜んでいただきます。せっかく会社からロボットサーバーをいただいたので」
「今日は社長のご指示で、事前にセレクションした赤ワインの200mlのセットを3本お送りしました。ヴァルポリチェッラ、ネグロアマーロ、

ネロダーボラです。まずネグロアマーロのスクリューを開けてロボットにセットしてもらえますか」

ロボットは、ワインの大きさにあわせて手を動かし、グラスを所定のところに置くと、適切な量で注いでくれます。これはパリにいる東畑の指示どおりに動いているのです。マスター役の東畑は、アムールの常連客となるだけでなく、荻野から手ほどきを受けて、ソムリエの資格もとっていたのです。いまや社内有数のワイン通です。

美智香は、イタリアワインではなく、地元ハワイのボルケーノ・レッドという赤ワインを自分で注いでいました。「それでは私たちの会社の未来を祝して乾杯」と美智香が言うと、2人も「乾杯」と声をあわせました。

「私は、この会社ともう何も関係ありませんけどね。いまは地元で悠々自適の生活です。戸川さんのアドバイスで、退職慰労金を事前に高く決めておいたので、老後も安心です」

「買収防止のために提案していたゴールデンパラシュート[※5]が、思わぬ形で役立ったわね。でも、リッチドリームを大きくしたのはあなたのおかげだから、当然もらうべき報酬だと思うわ。それに現在のこの会社の技術も、DXの延長ですから、あなたが切り拓いてくださったようなものよ、深池さん」

「それにしても、東畑副社長のうしろに、戸川社長がいるとは想像もつきませんでした。あの労働トラブルは、ひょっとしてお2人が糸を引いたのでは」と深池は言いながらも、「いまとなれば、どうでもよいことですね」とつぶやきました。美智香と東畑は、聞こえなかったような顔でワイングラスを傾けていました。2人の左手の薬指に、おそろいのリングが光っていたことは、誰にも気づかれていませんでした。

おわり

（※1）　Human Resource.

（※2）　解雇を規制する労契法16条については、前書の第1話※4も参照。

（※3）　Non-disclosure agreement.　秘密保持契約のこと。

（※4）　秘密保持義務については、前書の第8話235頁以下を参照。

（※5）　敵対的買収の結果、解任された経営陣に対して、多額の退職金を支払うこととする契約。企業価値を下げることにより買収を防ぐことを目的とする買収防衛策の1つとされる。

著者紹介

大内　伸哉（おおうち　しんや）
神戸大学大学院法学研究科教授

1963年　兵庫県神戸市生まれ
1995年　東京大学大学院法学政治学研究科博士課程修了（博士（法学））
1996年　神戸大学法学部助教授
2001年　神戸大学大学院法学研究科教授

【主要著書】
『労働法で人事に新風を』（商事法務、2016年）
『会社員が消える──働き方の未来図』（文藝春秋、2019年）
『デジタル変革後の「労働」と「法」──真の働き方改革とは何か？』（日本法令、2020年）
『人事労働法──いかにして法の理念を企業に浸透させるか』（弘文堂、2021年）

ほか多数

労働法で企業に革新を

2021年5月25日　初版第1刷発行

著　者　　大　内　伸　哉

発行者　　石　川　雅　規

発行所　　蠶 商 事 法 務
〒103-0025 東京都中央区日本橋茅場町3-9-10
TEL 03-5614-5643・FAX 03-3664-8844〔営業〕
TEL 03-5614-5649〔編集〕
https://www.shojihomu.co.jp/

落丁・乱丁本はお取り替えいたします。　印刷／そうめいコミュニケーションプリンティング
ⓒ2021 Shinya Ouchi　　　　　　　　　　　Printed in Japan
Shojihomu Co., Ltd.
ISBN978-4-7857-2866-3
＊定価はカバーに表示してあります。